**Duas Farsas, O Embrião
do Teatro de Molière**

Coleção ELOS
Dirigida por J. Guinsburg

Produção: Plinio Martins Filho

Célia Berrettini
Duas Farsas, O Embrião do Teatro de Molière

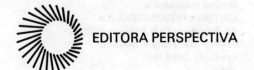
EDITORA PERSPECTIVA

Copyright © Editora Perspectiva, 1979

Direitos reservados à
EDITORA PERSPECTIVA S.A.
Av. Brigadeiro Luís Antônio, 3025
01401 — São Paulo — Brasil
Telefone: 288-8388
1979

SUMÁRIO

Apresentação 9
1. Molière e o Teatro 11
   O ator-diretor 11
   O autor 24
2. A farsa *Os ciúmes do Barbouillé* e suas relações com outras
   peças. 37
   Origem 37
   Estrutura 39
   Personagens 44
3. A farsa *O médico volante* e suas relações com outras
   peças. 55
   Origem 55
   Estrutura 57
   Personagens 66
4. O par nas duas farsas 77
   O par jovem-apaixonado 77
   O par casado. 83
   O par de criados 89

5. Personagens cômicas nas duas farsas 95
   Criados 95
   Pedantes 108
   Vítimas 120
Palavras finais 127
Bibliografia 129

*Aos meus sobrinhos
Leonardo (pai e filho)
e Otávio.*

Como todo grande autor, Molière foi e vem sendo explorado, sem descanso, de maneira que pouco ou quase nada de novo pode ainda ser dito a respeito de sua obra. Mas, como bem notou Jacques Guicharnaud, no "Avant-Propos" de *Molière, une aventure théâtrale*, se, para um erudito, o comediógrafo é antes de tudo o lugar de encontro de um texto e de um conjunto de documentos enterrados nas bibliotecas; e se, para um homem de teatro, Molière é um pretexto para encenações (com ou sem mensagens), para papéis de sucesso, já, para o professor, Molière é uma fonte infinita, inesgotável, de surpresas em que, ao lado de compilações ou de simples e inevitáveis repetições, podem ser feitas descobertas relevantes[1].

Nosso trabalho não tem essa pretensão; nasceu da admiração que sempre sentimos por Molière e da observação, aliás formulada por muitos, de que Molière era um plagiário e que plagiava o próprio Molière. Se isso acontecia em relação a

---

1. JACQUES GUICHARNAUD, *Molière, une aventure théâtrale*, Paris, Gallimard, 1963.

obras declaradamente suas, isto é, em obras cuja paternidade é indiscutível, por que não teria ele se utilizado de duas farsas, a saber, *La Jalousie du Barbouillé* (*Os ciúmes do Barbouillé*) e *Le Médecin Volant* (*O médico volante*), anteriores a *Les Précieuses Ridicules* (*As preciosas ridículas*), obra que constituiu seu primeiro grande êxito?* Ou, em sentido inverso, não seriam elas a semente de todo o seu teatro? E assim começou nosso estudo, que não pretende ser completo nem perfeito. Falta-lhe, por exemplo, o enfoque das semelhanças existentes entre as duas farsas e o teatro molieresco, no plano da expressão verbal — trabalho valioso que, pelo que nos consta, não foi ainda realizado.

Após evocarmos o Molière ator-diretor-autor, isto é, o homem de teatro, procederemos ao confronto das duas farsas com várias peças, fazendo ressaltar semelhanças e dessemelhanças; passaremos em seguida ao enfoque do par e das personagens cômicas que, tendo surgido nas duas peçazinhas, reaparecem freqüentemente, se bem que com modificações muito compreensíveis. É o Molière plagiando Molière; ou "duas farsas, o embrião do teatro de Molière".

---

* Colocamos sempre os títulos em francês, seguidos da tradução entre parênteses, apenas na primeira vez em que eles surgem. Depois, em português.

1. MOLIÈRE E O TEATRO

O ATOR-DIRETOR

Discutida, elogiada, contestada, explicada, ora num, ora noutro enfoque completamente antagônico, prestando-se à aplicação de teorias várias: eis a obra molieresca. Cada tendência social e política ou cada escola dramática, assim como cada época ou geração vê um Molière, ou melhor uma grande criação sua, de maneira diversa. Grandes renovadores do palco não deixaram de lançar mão do dramaturgo para provar suas teorias: Antoine, com a concepção realista do teatro; Copeau com a visão de um teatro purificado; Dullin, Baty, Jouvet, Vilar, Barrault ou Planchon, com suas visões particulares; e até mesmo Brecht, com o seu teatro didático e engajado politicamente, foi experimentar suas doutrinas nos autores clássicos e, de maneira especial, em Molière.

Para o pesquisador, Molière também se presta a diferentes interpretações: o crítico dos ridículos do homem; o pintor dos costumes e dos caracteres; o filósofo e o moralista; ou o Molière homem de teatro que, reunindo os aspectos citados, sabe conduzir suas peças e atores, além de bem conduzir-se, em termos teatrais: autor, diretor e ator, dotado como foi de irreprimível vocação para o palco. Antes de compor e publicar suas peças, dirigiu espetáculos e encarnou papéis — funções que não abandonaria a não ser com a morte, que o surpreende, em 1673, aos cinqüenta e um anos de idade, durante a quarta representação de *Le Malade Imaginaire* (*O doente imaginário*), quando, apesar de enfermo vivia o hipocondríaco Argan.

Mesmo seus maiores inimigos, seus mais ferinos detratores, não lhe negaram méritos como ator cômico. Extraordinário comediante; talentoso intérprete de suas criações; mímico genial; parece ser quase unânime a opinião que dele tiveram os contemporâneos. Se Grimarest exprime o espanto daqueles que por delicadeza excessiva "o acusavam de ser careteiro"[1], já Donneau de Visé, sem ver um demérito nas suas caretas, ao pronunciar a *Oraison Funèbre de Molière* (*O discurso fúnebre de Molière*), assim se manifesta:

Ele era um completo comediante, dos pés à cabeça. Parecia ter várias vozes. Tudo falava nele, e com um passo, com um sorriso, com um piscar de olhos, e com um movimento de cabeça, fazia conceber mais coisas que o que teria podido dizer o maior falante em uma hora"[2].

Eram pois as caretas, os movimentos dos olhos e do corpo, os tons de voz; tudo falava nele, transpirando expressividade.

Jogos de fisionomia, numa mímica notável, fizeram que outro contemporâneo seu, La Neuf-Villenaine, confes-

1. ANTOINE ADAM, *Histoire de la Littérature Française au XVIIe siècle*, Paris, Del Ducca, 1962, Tomo II, p. 243.

2. A. ADAM, *op. cit.*, p. 243.

sasse, admirativamente, ao evocar Molière em *Sganarelle* ou *Le Cocu Imaginaire* (*O "cocu" imaginário*):

Jamais alguém soube tão bem desmontar seu rosto, e pode-se dizer que nesta peça ele o muda mais de vinte vezes[3].

Le Boulanger de Chalussay corrobora a mobilidade facial de Molière, tradução concreta dos sentimentos. Vemo-lo avançar no palco, com a testa sulcada por mil rugas, empalidecer de repente; continua a avançar lentamente, enquanto procura com o olhar aquilo que mais teme. De súbito, espumando de cólera, detém-se. Parece ser uma cena da mesma peça, em que Molière oferecia em espetáculo uma viva imagem do marido traído e roído pelo ciúme, uma exibição mímica perfeita[4]. E interessante é ainda imaginá-lo com o "pescoço caído sobre os largos ombros", como o descreve o mesmo autor, completando essa visão com os dados fornecidos por Montfleury que nô-lo pinta atravessando o palco, com o nariz para o alto e os pés à la Charles Chaplin[5]. Cômica figura, ou melhor, tipo que ele adotou e que impôs ao público, atraindo-lhe os aplausos, cada vez que se apresentava com sua inconfundível silhueta; tipo que se reencontrava em cada nova farsa ou comédia, ainda que com variantes: Mascarille, Sganarelle, ou mesmo sob o nome de Arnolphe ou Orgon... É o tipo, a máscara (inclusive materialmente sem ela) que supõe uma certa fixidez da personagem, emprestando-lhe a natureza da *marionnette* mecanizada.

3. Citado por J. M. PELOUS, Les métamorphoses de Sganarelle: la permanence d'un type comique, *Revue d'Histoire Littéraire de la France*, Paris, Armand Colin, 1972, n. 5-6, Septembre-Décembre, p. 830.

4. Citado por A. ADAM, *op. cit.*, pp. 243-4.

5. Citado por A. ADAM, *op. cit.*, p. 243-4.

Esse comediante genial, que parece ter sido Molière, teve como mestre os grandes *farceurs* franceses, tão aplaudidos e admirados pelo povo, ao lado de Scaramuccia, o excelente ator italiano. Amigo dos italianos da Commedia dell'Arte, que utilizavam a gesticulação para melhor fazer-se compreender pelo público francês, Molière foi discípulo sobretudo de Scaramuccia. Imitou-lhe os gestos, adotou-lhe a fisionomia: espesso bigode caindo aos lados da boca, barbicha negra, de maneira a atrair dos adversários a crítica de plagiário. "Sobrevivência de Scaramuccia", Molière imitou aquele mímico genial que, até mesmo em idade avançada, aos oitenta anos, conseguia desferir um golpe com os pés, numa prova de flexibilidade ímpar, e que foi, por sua expressividade de gestos e atitudes, sempre elogiado e recordado.

Molière, por vocação e imitação — imitação só possível na medida em que possuia qualidades para tal — foi um hábil provocador do riso, tirando partido de sua agilidade física e de sua "verve" cômica, desdobrando sua capacidade de invenção numa variedade digna de nota: improvisador, mas também cantor e dançarino. Se bom improvisador, foi ao contrário mau cantor e dançarino, explorando essas falhas que acentuavam o efeito grotesco de sua figura: um M. Jourdain, de *Le Bourgeois Gentilhomme* (*O burguês fidalgo*), cantando com voz de falsete e dançando com movimentos despidos de graça e desenvoltura era, com todas as debilidades de *nouveau riche* que pretende ser fidalgo, um tipo bem risível pelo seu jogo burlesco.

Como ator trágico, não logrou o mesmo êxito e disso não escasseiam os testemunhos: "Ele foi incapaz de representar qualquer peça séria", escreve Donneau de Visé[6]; "mas

6. Citados por RENÉ BRAY, *Molière Homme de Théâtre*, Paris, Mercure de France, 1954, p. 162.

na Palais-Royal, quando Molière representa os dois/ Ri-se no cômico e no sério", diz Montfleury, no *Impromptu de l'Hôtel de Condé (Improviso de Condé)*[7].

É verdade que Molière não era bom senão para representar papéis cômicos; não podia entrar no tom sério e várias pessoas asseguravam que tendo querido tentá-lo, saiu-se tão mal na primeira vez que apareceu no palco, que não o deixaram acabar. Desde aquele tempo, dizem, ele não se dedicou senão ao cômico, em que sempre obtinha êxito, testemunha Grimarest[8];
Uma voz surda, inflexões duras, uma volubilidade de língua que precipitava demais a declamação (. . .). Ele teve muitas dificuldades para vencer e não se corrigiu dessa volubilidade, tão contrária à bela articulação, senão por esforços contínuos, que lhe causaram um soluço que ele conservou até a morte,

diz Mlle Poisson. Mas admite que sabia ele "tirar partido em certas ocasiões" desse defeito, ocasião que podemos entender nos papéis cômicos[9].

Mau ator trágico. Mas excelente cômico, colocou-se na linha dos grandes artistas que fizeram o público rir, o que é atestado por uma tela, de 1670, conservada no Teatro Francês: Molière que morreria três anos depois, lá está retratado, ao lado dos cômicos franceses da primeira metade do século — Turlupin, Jodelet, Gaultier Garguille, Gros-Guillaume — e dos italianos, como o imortal Scaramuccia, Trivelino, Brighella e outros.

Se os italianos gesticulavam, exibindo agilidade corporal notável, Molière associava os gestos à palavra, dando em peças como *L'Etourdi (O Aturdido)* verdadeira exibição de vivacidade e dinamismo acompanhado de um virtuosismo

7. R. BRAY, *op. cit.*, p. 162.
8. R. BRAY, *op. cit.*, p. 47.
9. R. BRAY, *op. cit.*, p. 149.

verbal surpreendente que completava sua figura burlesca. Aliás, esta é uma peça de *vedette*, em que Molière autor podia exibir seus excelentes dotes, encarnando o imaginativo Mascarille, com seus engenhosos planos sempre frustrados pelo estouvado patrão, e que está presente em toda a obra, desde o abrir até o cerrar das cortinas. Peça, portanto, que revela o autor a serviço do ator, no caso, Molière a serviço de Molière, tal era a atração que sentia pelo palco, atração que os contemporâneos acusam. A ela se refere Donneau de Visé, em *Nouvelles Nouvelles* (*Novas Notícias*): "Desde a juventude, uma inclinação muito particular pelo teatro" marca-o e ele "lançou-se no palco"[10]. É a vocação irresistível que faz com que La Grange, no seu registro "des Comédiens du Roi", escreva:

> Ele escolheu a profissão de comediante pela invencível inclinação que sentia pela cena. Todo o seu estudo e sua aplicação não foram consagrados senão ao teatro[11].

Não lhe bastava imaginar a personagem, dar-lhe vida nas folhas de papel em que escrevia a obra; impunha-se-lhe encarná-la no palco, mesmo porque não era apenas escritor, mas verdadeiro homem de teatro. Homem de teatro em sua totalidade: ator, diretor, autor. Compondo, como nota René Bray, tudo se lhe apresentava em *imagens de teatro*, com personagens a se moverem, lançando réplicas, representando, enfim. A concepção de uma peça de Molière não se fazia em duas etapas sucessivas — a literária e a cênica —, mas numa única, tanto estavam elas unidas, acusando o autor inseparável do ator e diretor. Citemos o *jeu de scène*, este conjunto de atitudes, gestos e movimentos que concorrem para o

10. R. BRAY, *op. cit.*, p. 47.

11. R. BRAY, *op. cit.*, p. 47

efeito cênico, da cena 3 de *Le Mariage Forcé* (*O casamento forçado*), em que Sganarelle (papel de Molière) quer evitar a tagarelice do Doutor Pancrace: *Sganarelle, perdendo a paciência, fecha com a mão a boca do Doutor, por várias vezes, e o Doutor continua a falar, antes que Sganarelle tire a mão.* Já Sainte-Beuve, crítico do século passado, notara essa qualidade molieresca, ao dizer:

> Suas obras estão em cena, em ação; ele não as escreve, por assim dizer, ele as representa[12],

partindo talvez da afirmação do próprio Molière, no "prefácio" de *L'Amour Médecin* (*O amor médico*), obra escrita e encenada em cinco dias:

> Sabe-se bem que as comédias não são feitas para serem senão representadas e não aconselho a leitura desta senão às pessoas que têm olhos para aí descobrir todo o jogo do teatro.

É bem verdade que, em se tratando de uma comédia-*ballet*, com músicas do "incomparável Sr. Lulli" e danças, é peça mais para ser vista representada que lida; parece porém estar bem posta em relevo a importância da representação, como se a parte escrita tivesse um valor secundário. A representação, a voz das personagens, os gestos; isto é o teatro, e não apenas a parte escrita. É o que parece explicar Molière, no "Prefácio" da farsa-comédia de costumes — *As preciosas ridículas* —, ao afirmar que "uma grande parte das graças que aí são encontradas depende da ação e do tom da voz". É o autor-diretor-ator que assim se pronuncia sobre a obra-representação, bem salienta René Bray[13]

12. R. BRAY, *op. cit.*, p. 34.
13. R. BRAY, *op. cit.*, p. 34.

Caso raro dentro do mundo teatral é Molière, se considerarmos "o caráter literário mais do que cênico da peça de teatro na primeira metade do século XVII" e "a predominância da obra escrita sobre a obra representada"[14]. Aliás, diz ainda Scherer que

O autor dramático é freqüentemente, na França, um escritor antes de ser um homem de teatro; entre suas obras, ele pode ter peças, mas não se preocupa com sua representação, que é deixada aos cuidados do encenador[15].

E Scherer cita Emile Fabre que, no século XX, e mais precisamente em 1933, constatava que "muitos escritores ignoram tudo... da arte da encenação". Realmente, se autores há que jamais teriam saído da Literatura, se não houvessem contado com a ajuda e a correção dos encenadores conscientes das dificuldades técnicas da representação; se esses autores se preocuparam mais com a linguagem literária, sua elegância e propriedade, tal não se dá com Molière, que vem sendo taxado de incorreto, tantas são as ambigüidades, barbarismos, negligências e impropriedades que lhe são imputadas, e que se por um lado são desculpáveis pela rapidez da redação, atestam por outro lado que, para ele, obra de teatro era obra representada. É a concepção do ator inato e diretor eficiente que nele coexistem. De homem de teatro, enfim.

Compreendia Molière que correção gramatical, elegância excessiva da expressão não seriam admissíveis, sobretudo no gênero cômico. E, não podemos deixar de fazer referência à opinião de Ferdinand Brunetière, cujo estudo sobre o estilo de Molière continua a ser válido não obstante

14. JACQUES SCHERER, *La Dramaturgie Classique en France*, Paris, Nizet, s.d., p. 160.

15. J. SCHERER, *op. cit.*, p. 157.

o tempo transcorrido. Depois de reconhecer e assinalar os defeitos e incorreções do autor, conclui no fim da primeira parte, de maneira categórica:

> Os defeitos de estilo de Molière não são apenas o reverso ou o resgate de suas qualidades; eles são sua própria condição. *Ele teria escrito menos bem, se houvesse melhor escrito*[16]. (O grifo é nosso.)

Intuía Molière que as falas de suas personagens, em prosa ou verso, eram feitas para serem ditas e ouvidas e não lidas. Julgar as farsas e as comédias como livros e não como peças foi a falha dos que pretenderam criticá-lo como autor. E Lanson, reconhecendo em Molière a primazia do espetáculo representado, diz:

> Numerosas frases más, longas, confusas, que são nele encontradas à leitura, organizam-se espontaneamente na boca do comediante[17]

São frases para os ouvidos, frases incorretas, pois teatro é vida, e, na comunicação diária, não há lugar para excesso de correção. Para os olhos, movimentos, gestos e jogos faciais. Estas eram as preocupações de Molière, que se encontram em parte explicadas e contidas no Prefácio de *O Amor médico*, a que nos referimos, e isso poderia ser aplicado ao conjunto de seu teatro.

A figura de Molière *chef de troupe* é digna de ser evocada, principalmente porque parece que suas exigências e orientações de encenador, mencionadas pelos contemporâneos, não deveriam ser comuns no século XVII. Sabe-

---

16. FERDINAND BRUNETIÈRE, "La Langue de Molière", in *Études Critiques*, Paris, Hachette, 1912, Tome VII, p. 101.

17. GUSTAVE LANSON, *Histoire de la Littérature Française*, Paris, Hachette, s.d., p. 517.

mo-lo preocupado com os movimentos dos atores, contando-
-lhes os passos, controlando-lhes os olhares, enfim sua atuação,
pois o espetáculo devia sair a contento. La Grange descreve
"a justeza" com que Molière

acompanhava o jogo dos atores: um olhar, um passo, um gesto, tudo
aí era observado com uma exatidão que havia sido desconhecida até
então nos teatros de Paris[18].

E Donneau de Visé, comentando a representação de
L'École des Femmes (*A escola das mulheres*), observa que
"cada ator sabe quantos passos deve dar, e todas suas olha-
delas são contadas"[19]. Se La Grange exalta seu chefe, o
que é facilmente explicável pela amizade que os unia, já
as observações de Donneau de Visé merecem todo o crédito
e a atenção possíveis, pois nada o comprometia em relação
a Molière, e, no entanto, observa que

todos os atores gostavam do Senhor Molière, seu chefe, que unia
a um mérito e a uma capacidade extraordinária uma honestidade
e uma maneira insinuante[20].

Outros, como Perrault, Grimarest e Guéret tecem
elogios à sua eficiente orientação na arte de representar,
sendo que o último faz menção ao medíocre ator Espy que
obteve êxito inusitado em *L'École des Maris* (*A escola dos
maridos*), graças a Molière.

Mas em lugar de ouvir testemunhos, vejamos e ouçamos
o próprio Molière em suas funções de *encenador*. *L'Impromptu de Versailles* (*O improviso de Versailles*), obra que
nos mostra a sua face polêmica, respondendo às críticas

18. Citados por A. ADAM, *op. cit.*, p. 248.
19. A. ADAM, *op. cit.*, p. 248.
20. Citado por R. BRAY, *op. cit.*, p. 59.

acerbas que lhe dirigiam por intermédio de Boursault, em *Le Portrait du Peintre* (*O retrato do pintor*), faz-nos surpreendê-lo nas atividades de diretor-ator-autor. No palco do Teatro de Versailles, Molière ensaia com sua companhia uma peça que será representada diante do rei, dentro de duas horas. Chama cada ator; dá-lhe instruções; enfim, é comédia dentro da comédia. Embora sem constituir novidade, pois Corneille, em *L'Illusion Comique* (*A ilusão cômica*) e Rotrou, em *Saint Genest* (*São Genest*), já haviam utilizado o mesmo procedimento, *O improviso de Versailles* apresenta um atrativo todo especial por mostrar-nos um encenador impaciente, brusco, nervoso, diante da premência do tempo para a representação definitiva e dos defeitos dos atores, o que o faz exclamar: "Ah! Que estranhos animais a conduzir são os comediantes!"; mas *virtuose* na arte de viver papéis, tal psicólogo sagaz que sente suas personagens como seres vivos e que por isso mesmo sabe orientar os atores, exigindo-lhes não apenas a memorização, mas também a imaginação dos papéis:

Tratem, pois, todos de bem tomar o caráter de seus papéis, e de imaginar que vocês são o que representam.

Lembra a cada um o seu papel: o poeta pedante, a falsa virtuosa, a maledicente, a intrometida empregada da Preciosa..., além do marquês ridículo, fazendo desfilar tipos, ao mesmo tempo que intercala:

Tenham sempre este caráter diante dos olhos, para poderem fazer bem suas caretas;

e arrematando:

Eu digo todos os seus papéis, para que vocês os imprimam bem forte no espírito (cena 3).

Consciente da responsabilidade da encenação, explica gestos, poses, posições, dicção, por exemplo, a La Grange que encarnará o marquês:

Lembre-se bem, você, de vir, como eu lhe disse, lá, com esse ar que se chama "o belo ar", penteando a peruca e cantarolando uma cançãozinha. La, la, la, la, la.

E aos outros:

Vocês, tomem posição, pois é preciso terreno aos dois marqueses; eles não são tipos capazes de conservar sua pessoa num pequeno espaço,

continuando para La Grange:

Vamos, fale. Meu Deus! Não é esse o tom de um marquês (...) a maior parte desses Senhores ostenta uma forma de falar particular, para distinguir-se do comum: "Bom dia, Marquês". Recomece, pois (cena 3).

Inquieto, preocupado com o resultado de seu trabalho e a recepção do público, explica a Mlle Béjart:

Você não conta para nada a preocupação de um sucesso que não diz respeito senão a mim? E você pensa que é pequeno empreendimento expor alguma coisa de cômico diante de uma assistência como essa, tentar fazer rir pessoas que nos inspiram respeito e não riem senão quando querem? Existe autor que não trema quando vem a essa prova? (cena 1).

Orgulhoso do êxito alcançado com *A escola das Mulheres* e atribuindo o ataque dos detratores à falta de bom julgamento, além da inveja, diz: minha comédia

não teve a felicidade de agradar as augustas pessoas a quem eu me esforço particularmente por agradar? Não tenho motivo para estar satisfeito de seu destino e todas as censuras não chegam tarde demais? (...) quando se ataca uma peça que teve êxito, não é antes atacar o julgamento dos que a aprovaram do que a arte daquele que a fez? (cena 5).

Altivo, consciente do próprio valor e da inesgotabilidade de sua veia satírica, defende-se como autor e faz desfilar toda uma rica galeria de retratos, tipos que ainda não se lhe ofereceram em cenas de comédia, concluindo:

Vá, vá, Marquês, Molière terá sempre mais assuntos do que quer; e tudo o que ele tocou até aqui não é nada senão bagatela em comparação com o que resta (cena 4).

Enfim, *O Improviso de Versailles*, tanto como *La Critique de "L'École des Femmes"* (*A crítica de "A Escola das mulheres"*) são de leitura obrigatória para os que desejam recordar o Molière polêmico, sendo que a primeira apresenta a vantagem de pôr-nos no mundo dos artistas, com a passagem sutil do plano real ao cênico, que, no caso, é o do primeiro ao segundo plano cênico, ou melhor, da comédia dentro da comédia, com o ator-diretor-autor na ribalta, em plena atividade. É-lhe, como vimos, de suma importância a opinião do público, importância que já havia sido sublinhada em *A crítica de "A escola das mulheres"*, ao imaginar uma conversa de várias pessoas reunidas no salão de Uranie e apelar para a decisão geral, como diante do julgamento de um tribunal. É ao público (excluídos os pedantes que despreza) que cabe a última palavra, não importando o lugar que ocupa, pois "o bom senso não tem lugar determinado" e "a diferença entre o meio-luís de ouro e a moeda de cinco vinténs não apresenta absolutamente nada em questão de bom gosto", visto que "de pé ou sentado, pode-se emitir um mau julgamento". É a esse público que se submete, considerando que a grande regra de todas as regras é *plaire*[21]

21. PIERRE LARTHOMAS, *Le Langage dramatique*, Paris,

Se uma çomédia agradou aqueles "para quem foi feita, acho que 'isso basta para ela e assim deve pouco preocupar-se com o resto", diz Dorante, porta-voz de Molière; e o dramaturgo, sob este aspecto, aproxima-se muito de seu irmão cênico para lá dos Pirineus: Lope de Vega.

Respeitado e admirado pelos atores de sua companhia; aplaudido por grande parte do público que ele procurava agradar, seja o ocupante dos melhores lugares (cortesões, damas, fidalgos refinados), seja o da platéia (burgueses, artesões, comerciantes, pagens, lacaios, mais rudes), Molière é o tipo acabado do autêntico homem de teatro. Vivia no teatro, do teatro e para o teatro, não se poupando até o dia de sua morte, ocorrida a 17 de fevereiro de 1673, quando — repetimos — por uma grande ironia, encarnava Argan, "o doente imaginário". Estava realmente doente; não era hipocondríaco. Mas não queria prejudicar seus companheiros; o espetáculo, enfim. Só uma imenso e irresistível amor do teatro pode exigir tal sacrifício.

O AUTOR

1658 — Ano da chegada de Molière e de sua *troupe* a Paris, após longa permanência fora da capital; a partir de 1645, percorrendo aldeias e cidades, divertindo a população, com peças que se extraviaram e das quais apenas se conservam os títulos, mas também com outras que mais tarde os pari-

Armand Colin, 1972, p. 256. A palavra *plaire* tem nessa réplica de Molière, diz P. Larthomas, um valor muito amplo. Significa: "Tocar, comover, fazer rir, chorar talvez, mas em todo o caso interessar, isto é, ser eficaz, agir sobre o espectador dando-lhe um prazer particular e tão complexo que é bem difícil definir".

sienses aplaudiram: *O aturdido*, sua primeira comédia literária, foi representada antes, em Lyon, em 1655; e *Le Dépit Amoureux* (*O despeito amoroso*), teve sua primeira encenação em Béziers, no ano seguinte.

Chega Molière e não tarda a impor-se, pois se no dia 24 de outubro de 1658, representando diante do rei uma tragédia (*Nicomède*) que não agradou, e uma farsa que lhe atraiu os aplausos, obtém de Sua Majestade a Sala do Petit--Bourbon; e, já no ano seguinte, a 18 de novembro, conhece um êxito extraordinário, com *As preciosas ridículas*. Sucedem-se os êxitos, mas também problemas diversos, como os originários da rivalidade e da inveja dos colegas, ofuscados por sua carreira — a de um homem que amava, acima de tudo, o seu *métier*.

Como explicar o êxito? Talento, mas também dedicação e persistência, além de que o reino da comédia estava à espera de alguém que o renovasse. Para compreender sua ação renovadora e, portanto, sua orginalidade, mister se faz, rever, ainda que rapidamente, o panorama da comédia de então. Durante a primeira metade do século, havia dois tipos de peças, intituladas comédias: peças de intrigas ou "dos mais singulares e absurdos acontecimentos"[22]; e grosseiras farsas. Os *imbroglios* de Rotrou, inverossímeis e quase inextrincáveis, com sua profusão de piratas e escravos, naufrágios, substituições de crianças e reconhecimentos salvadores, damas disfarçadas de cavalheiros, e mágicos poderes, eram as comédias que então dominavam. E mesmo as obras do grande Corneille, antes de *O Cid*, pecavam pela ausência de verosimilhança e clareza, muito embora não mais apresentassem piratas, escravos, naufrágios e todo o resto; mas os

22. DANIEL MORNET, *Molière*, Paris, Hatier Boivin, 1943, p. 25.

sentimentos continuavam indeslindáveis, exigindo, como diz Mornet,

uma estudiosa aplicação a fim de poder discernir as intenções das personagens e os resultados alcançados[23].

Boisrobert, Thomas Corneille, Quinault e Scarron seguem-lhes aproximadamente as pegadas; e, com exceção das de Pierre Corneille, as outras peças de intrigas são quase todas imitadas de obras italianas e espanholas.

Quanto às farsas, também tinham seu público. Não se esqueciam muitos dos famosos farsistas do passado — Tabarin e Francisquine, sua mulher, e Mondor, principalmente, que divertiam os basbaques da Ponte Nova, com suas grosseiras improvisações, enquanto eram vendidos o orvietã e outras panacéias; Turlupin, Gros-Guillaume e Gaultier Garguille também eram ainda admirados, quando vieram os sucessores: Julien Bedeau, que é Jodelet; Bellemore, que é Matamore; Duparc que será o Gros-René de Molière e que está presente na farsa da qual trataremos oportunamente. Farsistas franceses competiam com os italianos da Commedia dell'Arte, pois é necessário recordar que companhias italianas excursionavam pela França e lá permaneceram certo tempo: o grupo dos Gelosi, dos Fideli, de Beltrame, e de Bianchi, com Scaramuccia, Trivelino, e depois Pantalone. E esses atores de farsas francesas e os italianos tinham seus tipos com suas fórmulas infalíveis para o despertar do riso: tiques, gestos, movimentos. . .

Quando, a meados do século (1650-1660), há o enfraquecimento da popularidade da farsa, isto não quer dizer que desapareceu. Há, ainda, farsas puras, no Teatro du Marais;

23. D. MORNET, *op. cit.*, p. 26

espetáculos dos italianos; peças que rejeitam a contaminação farsesca e outras que a acolhem, havendo exemplos de toda essa oscilação de gostos[24].

É o momento da chegada de Molière a Paris. Está trazendo algumas peças e vai compor outras; observa o meio parisiense, como observara o provinciano, e comprova que os vícios e as debilidades humanas são os mesmos, independentemente do local. Observador inato, contempla tudo e todos — o material que se lhe oferece, bem como os espectadores. Sensível às reações do público, nobre ou não, compõem então obras que satisfaçam à maioria, e que ao mesmo tempo permitam a ele e aos da *troupe* a exibição de suas qualidades histriônicas.

O teatro de Molière, que não é pobre, quer sob o ponto de vista conteudístico, quer sob o numérico, tem se prestado a várias classificações, procurando certos autores enclausurar as peças dentro de limites rígidos. Farsas, comédia de costumes e de caracteres; é a que foi vigente longo tempo, mas que não satisfaz, pois se nas comédias chamadas de costumes há a comédia de caracteres e vice-versa, já numa farsa como *As preciosas ridículas* não deixa de haver a pintura dos costumes da época. Por outro lado, elementos farsescos se fazem presentes sempre, em maior ou menor dosagem, nas chamadas Grandes Comédias, para pintar um Tartufo, ou um Harpagon.

24. Por exemplo, nas comédias póstumas de Scarron, há ausência de elementos cômicos. Mas em *L'Héritier Ridicule* ou *La Dame Intéressée*, Scarron mistura os cômicos — criados aos não cômicos. Em *Le Charme de la Voix*, de Thomas Corneille, aparece a dedicatória, que exprime a preocupação do autor: não misturar as conversas dos criados bufos com as dos amos.

Classificações mais minuciosas como a de René Bray, não são isentas de reparos, embora acusem a variedade da criação molieresca. Vejamos, porém, como esse autor agrupa as peças de Molière:

- *Farsas*, tendo composto onze, desde *As preciosas ridículas* até *O doente imaginário*.
- *Comédias heróicas*, variante da tragicomédia, como *Don Garcie de Navarre* ou *Le Prince Jaloux* (*D. Garcia de Navarra* ou *O príncipe ciumento*).
- *Grandes Comédias*, que começam com *A escola das mulheres*, cujo prelúdio é *A escola dos maridos* e que têm em *Tartuffe* (Tartufo) e em *Le Misanthrope* (*O misantropo*) os melhores exemplos.
- *Comédias-"ballet"*, para as quais muito conta a colaboração do músico Lully. Em suas dez primeiras peças, apenas usa a dança e a música em *Les Fâcheux* (*Os importunos*); nas dez peças seguintes, usa cinco vezes; e nas últimas, sete, numa progressão que testemunha o seu pendor, por esse tipo de comédia.
- *Pastorais*, com música, inseridas em *ballets* ou *ballets* interrompidos por relatos, como em *Melicerte*, entre outras.
- *Comédias de corte*, que se emparentam com as *Pastorais*, se não pelas personagens, pelo menos pelo assunto galante, pelo cenário, pela dança e a música como *La Princesse d'Élide* (*A Princesa de Élida*) e *Les Amants Magnifiques* (*Os apaixonados magníficos*), etc.
- *Farsas-"ballet"*, como *O casamento forçado, O amor médico, George Dandin* ou *Le Mari Confondu* (*George Dandin* ou *O marido confundido*), entre outras.

– Comédia fantasista, como *Le Sicilien* (*O Siciliano*).
– Comédia mitológica, como *Amphytrion* (*Anfitrião*).
– Comédia polêmica, como *A crítica de "A escola das mulheres"* e *O improviso de Versailles*, em que se conhece o Molière defendendo-se dos inimigos e atacando-os[25].

Tal classificação não deixa porém de ser artificial, se tomarmos em consideração – repetimos – que a farsa aparece na maior parte das categorias enumeradas. Necessidade de manter sua companhia, uma vez que com obras não farsescas não conseguia a adesão total do público? É o que parece, se atentarmos ao fato de que *Nicomède* constituiu um malogro, levando Molière a representar *Le Docteur Amoureux* (*O doutor apaixonado*), farsa que o fez conhecer o êxito, diante do rei, em Paris, quando acabava de chegar do interior. Não podendo impor-se como trágico, ele e, conseqüentemente, os seus comediantes se entregaram à comédia: à farsa ou a jogos farsescos inseridos em diversos tipos de peça.

Como nota René Bray, entre seu primeiro e último êxito – *As preciosas ridículas* e *O doente imaginário* –, compôs Molière onze farsas que, dispostas cronologicamente e distribuídas em grupos iguais de dez peças cada um, revelam sua notável e crescente tendência para esse tipo de obra:

duas farsas, no primeiro grupo;
três farsas, no segundo grupo;
seis farsas, no terceiro[26]

25. R. BRAY, *op. cit.*, pp. 244-63.
26. R. BRAY, *op. cit.*, p. 247.

E quanto às outras obras mais conhecidas, apenas *O Misantropo* está menos atingida pelo farsesco, pois dele não escapam sequer *O Tartufo*, essa obra-prima de ambigüidade, para não dizermos de pintura de um hipócrita que fracassa quando é sincero[27].

Molière, gênio independente, é considerado o verdadeiro criador da comédia clássica — afirmação bastante paradoxal, se pensarmos em termos de regras fixas e na tragédia chamada clássica. Mas se Aristóteles e Horácio não se haviam nela detido com a mesma atenção com que se haviam dedicado à tragédia; se Aristófanes não lhe servia de modelo, e Plauto e Terência lhe davam exemplos de liberdade criadora, por que iria Molière disciplinar seu talento?

Herdeiro da farsa tradicional francesa e da Commedia dell'Arte, ambas livres, espontâneas e improvisadas, é Molière um escritor independente. Que Corneille comediógrafo e outros escrevam em versos; ele comporá, ora em versos, ora em prosa, caminhando progressivamente para a última, o que é comprovado pelo levantamento de suas peças, segundo a ordem cronológica: em três grupos de dez peças cada um, verifica-se que se, inicialmente, compôs três em prosa, depois passou para cinco e, no final, sete peças em prosa[28]. É a

27. HERMAN PRINS SALOMON, *Tartuffe devant l'opinion française*, Paris, Presses Universitaires de France, 1962. À p. 140, o autor pergunta: "Rimos ou não rimos de *O Tartufo*? Eu, eu penso que rimos muito pouco". Mas lembrara o caso de Augé que, interpretando o papel de Tartufo, de 1763 a 1783, havia dado "impulso a um movimento para fazer da peça uma farsa" (p. 136). A comicidade depende, pois, da interpretação do autor, e da orientação do diretor. Sabe-se que, no tempo de Molière, enquanto este encarnava o imbecil Orgon, era Du Croisy (um homem gordo, de rosto rosado e guloso) que desempenhava o papel do hipócrita e piedoso Tartufo.

28. R. BRAY, *op. cit.*, p. 245.

tais peçazinhas e afirma que não são indignas do famoso comediógrafo, se forem tomadas em consideração a sua idade e o gênero farsesco das mesmas.

Alguns anos depois, em 1845, tornam a aparecer nas obras completas de Molière, editadas por Aimé Martin, mantendo-se nas edições que se sucederam, sem que no entanto ficasse devidamente resolvido o problema de sua autenticidade. Hoje, a crítica pesa os prós e os contras, pendendo para a rejeição, uma rejeição não isenta de oscilações[32].

São ou não essas duas farsas de autoria do genial dramaturgo? Teriam saido essas rudes e despretensiosas peças das mãos do Molière que mais tarde criaria imortais comédias, como *O Tartufo, O burguês fidalgo, A escola das mulheres, L'Avare (O avaro)*, entre outras? É o que continuam a perguntar-se muitos. Se Gutwirth nelas vê o esboço de algumas conhecidíssimas comédias, constituindo "um primeiro estado do teatro de Molière"[33], não faltam os que lhe negam tal paternidade, como se ela desabonasse o autor. Diz, por exemplo, Daniel Mornet:

está longe de ser provado que *Os ciúmes do Barbouillé* e *O médico volante* sejam dele[34]

e, embora atenuando tal afirmação, ao referir-se à segunda farsa, diz Léon Thoorens:

É bem possível que o texto exumado por J. B. Rousseau, em 1734, seja apenas uma espécie de roteiro, um esboço do espetáculo

32. R. JASINSKI, *Molière*, Paris, Hatier, 1968, p. 18. Refere-se este autor a um estudo de A. GILL, em *French Studies*, de 1948, que tenta estabelecer relação entre as duas farsas e a obra molieresca. Porém, não nos foi possível obtê-lo.

33. M. GUTWIRTH, *op. cit.*, p. 12.

34. D. MORNET, *op. cit.*, p. 41.

que a *troupe* tinha o hábito de representar, *obra coletiva muito mais que criação pessoal* (O grifo é nosso)[35].

Mas os vínculos entre as duas farsas e o teatro molieresco não são desprezíveis — muitos elementos permaneceriam como nota pessoal do autor, se bem que habilmente desenvolvidos pelo Molière em plena posse das técnicas teatrais.

São as semelhanças das intrigas, das cenas, das personagens, além das apresentadas nos diálogos, que unem essas duas peças ao teatro molieresco posterior. No caso de *Os ciúmes do Barbouillé*, farsa *à l'italienne*, cujas características assinalaremos mais adiante, e que entre 1660 e 1664 foi mencionada sete vezes no registro da *troupe* de Molière, cujas anotações ficavam a cargo de La Grange, o fiel amigo e secretário do dramaturgo, põe em cena esta farsa personagens estereotipadas; mas constituem o esboço de muitas daquelas, plenas de vida apesar de seu aspecto burlesco, que surgem em *O casamento forçado* e, sobretudo, em *George Dandin*. Quanto a *O médico volante*, que apresenta também vários equivalentes italianos, nos quais nos deteremos oportunamente, é, com todo o seu esquematismo, importante em relação ao teatro composto após a chegada de Molière a Paris. Representada em 1659 e em 1665, por dezesseis vezes, conforme o registro da *troupe*, caiu depois no total esquecimento; só seria "exumado" o texto, para usarmos o termo de Léon Thoorens, no século XVIII.

Tanto em *Os ciúmes do Barbouillé* como em *O médico volante* são encontradas, em caráter embrionário, as marcas que estarão presentes, em maior ou menor dosagem, em outras obras molierescas, devendo ambas ser consideradas um autên-

35. LÉON THOORENS, *Le Dossier Molière*, Verviers (Belgique) Ed. Gérard, 1964, p. 115.

tico documento, importante para as pesquisas no sentido de estabelecer a evolução do estilo do autor cômico universalmente admirado.

2. A FARSA OS CIÚMES DO BARBOUILLÉ
E SUAS RELAÇÕES COM OUTRAS PEÇAS

ORIGEM

A intriga da farsa é, sem dúvida, embrião da de *George Dandin*. Barbouillé e George Dandin temem, não infundadamente, ser enganados pela mulher, Angélique — o mesmo nome para designar uma personagem que nada tem de angelical —, e se o engano fica bem comprovado no final da primeira, tal comprovação se verifica ao longo da segunda, com uma regularidade, digamos, matemática, sem no entanto torná-la monótona, testemunhando a maestria da técnica molieresca. Mas a simples passagem da farsa de um ato à farsa-*ballet* de três atos, pois isto é *George Dandin*, com seus intermédios pastorais que podem, na verdade, ser suprimidos, já revela tal passagem o parentesco de ambas: um pai raquítico e um filho robusto.

Os ciúmes do Barbouillé "faz pensar em uma imitação ou uma inspiração de uma farsa gaulesa", diz Attinger, recordando que *barbouillé* é "o enfarinhado" e os enfarinhados eram "bufões franceses antes que a Itália tivesse introduzido o porte da máscara"[1]. Mas, na realidade, parece ter sido extraída de um conto de Boccaccio — *O ciumento corrigido* (*Decameron*, VIII, 4ª novela) — ou talvez, mais diretamente, de algum "canevas" italiano desconhecido, que teria retomado uma cena de *La Rhodiana*, de Calmo, inspirada, por sua vez em Boccaccio.

Molière aí teria encontrado, entre outras, a astúcia de Angélique ao chocar-se contra a porta da casa fechada pelo marido com o fito de humilhá-la e assim infringir-lhe um castigo; o tema é, porém, constante na literatura: a vaidosa inabilidade do marido, ao lado da malícia perversa da mulher.

A fingida morte de cada uma das protagonistas dos textos mencionados é diferente: se a de Boccaccio diz ao marido que se lançará ao poço (o que é razoável, pois existe um, próximo), e a de Calmo ameaça afogar-se no rio, já a de Molière finge matar-se com uma facada. E, embora não use Molière as réplicas de seus antecessores, segue o jogo e a composição italiana; é o que pode ser notado, diz Attinger com toda a razão, nas cenas em que aparece o tagarela Doutor (cenas 2 e 6) e que são independentes da intriga. Além disso, o final da cena 6, em estado de "canevas", é típica da Commedia dell'Arte, pois diz a rubrica: *O Doutor deve deixar-se cair de costas*; e o bulício dos atôres, no final da peça, é, ainda, antes característico da Commedia dell'Arte que da farsa[2].

Mas reconheçamos que esta farsa, como tantas outras, repousa na má relação entre marido e mulher. A farsa levanta as questões — Quem dominará o outro? Quem escapará da autoridade do outro? — e estabelece a necessidade da astúcia,

1. G. ATTINGER, *op. cit.*, pp. 116-7.
2. G. ATTINGER, *op. cit.*, p. 117.

diz André Tissier ao tratar desse gênero tradicional[3]. E isso ocorre em *Os ciúmes do Barbouillé*.

Barbouillé e Angélique são o centro da farsa, apoiados por Cathau, a empregada que sempre se põe do lado da ama, e Valère, o rival de Barbouillé; os outros, o Doutor, Gorgibus (o sogro do Barbouillé), ou Villebrequin lá estão apenas para fazer número e ampliar o tumulto característico da farsa.

ESTRUTURA

O texto é esquelético, mas conduz a ação cômica com fluência. Ou, como nota Jouanny, o mecanismo do cômico se desenrola com "flexibilidade e vigor, numa espécie de pureza que é ainda sublinhada pelo caráter despojado do texto"[4]. Com efeito, trata-se de texto curto, reduzidíssimo em algumas cenas (7, 8, 9, 10, por exemplo), com escassas indicações, e, até mesmo, às vezes, pueris. Sua estrutura pode parecer descosida; e a ação principal, tardia. Mas, afinal, é uma farsa e esta, como todas as peças do gênero, introduz livremente suas personagens, não procurando senão variações cômicas mediante elementos já conhecidos e cujas conseqüências não são ignoradas[5]. Assistimos a bufonarias grosseiras, ouvimos algumas expressões cruas, mas são os procedimentos cômicos usuais de um gênero fácil e popular como o é a farsa.

3. ANDRÉ TISSIER, *La Farce en France de 1450 à 1550*, Paris, SEDES, 1976, pp. 24-5.

4. ROBERT JOUANNY, "Notice", in *Oeuvres Complètes* de Molière. Paris, Ed. Garnier Frères, 1962, Tome I, p. 3.

5. A. TISSIER, *op. cit.*, pp. 26-7.

É um jogo de teatro, depois desenvolvido sobretudo em *George Dandin*. Várias de suas cenas esquemáticas são depois encontradas, com ampliações, nessa peça, situando-se *O Casamento forçado* entre as duas, como numa espécie de transição.

Tacanho, rabujento, ciumento, bêbado, é Barbouillé bem uma personagem de farsa. Seu rosto enfarinhado, tipicamente farsesco, tira-lhe o peso de um ser humano, tornando-o um simples boneco. Aliás, não só ele, mas todas as outras personagens da primeira farsa, tais *marionnettes* pré-fabricadas, não apresentam senão alguns traços grosseiros de humanidade. Angélique, astuta, leviana, e até cruel, apoiada por Cathau, a criada que é seu reflexo ou sua alma, e o grosseiro Barbouillé formam um trio nada simpático. O Doutor, inocente no seu pedantismo — é bem o *Dottore*, o tipo tradicional da Commedia dell'Arte —, bem como Gorgibus, pai de Angélique, comicamente cego aos seus defeitos e, portanto, às suas aventuras com Valère, e Villebrequin que aparece não se sabe como, constituem todos aquele conjunto de farsa, com o clima que lhe é peculiar: o tumulto favorável ao riso franco do público, público que era chamado a participar da ação, como quando Barbouillé, desesperado pela evidência, pede aos espectadores para que deponham em seu favor, pois a mulher, revirando a situação, dá a todos a impressão de que é ele que chega tarde à casa, após uma noitada alegre, e não ela que é apenas uma pobre vítima. Barbouillé, comicamente, exclama no auge do desespero (e aí vemos o Molière-ator):

> Diabos me levem, se cheguei a sair de casa; e antes perguntem a esses Senhores que estão lá embaixo na platéia. É ela que acaba de chegar. Ah, como a inocência é oprimida! (cena 12).

Mas, claro está que o público não se condói dessa "inocência oprimida" e ri da sua imbecilidade que não sabe precaver-se contra a astúcia da mulher, apesar do convívio diário e de tudo o que dela já conhece. Finge Angélique o suicídio, diante da porta da casa fechada, atraindo a curiosidade de Barbouillé, e assim lá pode subrepticiamente introduzir-se, enquanto o marido sai para ver o seu "cadáver" que desapareceu, e não mais consegue entrar na casa porque a porta está fechada. Comicamente, ele está fora; e ela, dentro, e triunfante! Desapareceu a prova de sua infidelidade!

Como se pode facilmente depreender, *Os ciúmes do Barbouillé* se prestava à improvisação espontânea de cada ator, que se dobraria em engenhosos jogos: gestos e palavras se combinariam para provocar o riso de um público não exigente. "Pequeno divertimento" aplaudido nas aldeias e cidades atravessadas pela *troupe* de Molière é, sem dúvida, a semente de onde brotariam outras peças.

Várias cenas de *Os ciúmes do Barbouillé* são encontradas, bem desenvolvidas, em *O casamento forçado* (1664) e, como dissemos, em *George Dandin* ou *O marido confundido* (1668).

O Barbouillé casado é, em *O casamento forçado*, o velho Sganarelle, noivo da jovem Dorimène, e que se apavora diante do inevitável *cocuage* que o espera, pois a noiva vê no casamento uma forma de libertação. Mas Sganarelle que antes desejava o matrimônio, agora se vê a ele forçado por Alcidas, o irmão da jovem; diante da alternativa — casar-se ou bater-se em duelo —, muito covardemente opta pelo primeiro, com o que provoca o regozijo do pai da frívola Dorimène que dela quer livrar-se o mais cedo possível. Mas, antes disso, preocupado com o futuro *cocuage*, tal como o rústico Barbouillé, vai consultar especialistas, e não apenas um, como o seu antecessor. Os doutores Pancrace e Marphurius, os pedantes tradicionais na Commedia dell'Arte, mas que são também inspira-

41

dos por Trouillogan e Rondibilis, de Rabelais, assim como as duas ciganas — é a farsesca equiparação da ciência à charlatanice — são consultados com idênticos resultados, isto é, nulos. É o puro reino da farsa, em que tudo provoca o riso; diferente, pois, de *George Dandin* que, apesar dos pontos farséscos, levanta várias questões relevantes, como veremos em breve.

A simples seqüência das peças — *Os ciúmes do Barbouillé, O casamento forçado* e *George Dandin* — bem revela os vínculos entre elas: George Dandin é Sganarelle já casado e, ambos têm como esboço, rudimentar, o grosseiro Barbouillé. Isto não só em termos de protagonista, como também em termos de estrutura das peças em que são personagens centrais. A estrutura dramática de *George Dandin* testemunha a maestria molieresca, com a expressiva repetição dos fracassos do protagonista, repetição que traduz a sua continuidade, sem que haja possibilidades para alterar a situação, se bem que surjam certas modificações dramatúrgicas, gradativamente, quebrando-lhe a monotonia.

Ao longo de seus três atos ocorre o mesmo episódio, três vezes; este número três pode ser entendido como pura convenção simbólica — é o signo do infinito. Ora, essa repetição poderia redundar em monotonia, não fosse a habilidade do autor que sabe lançar mão de leves modificações que contêm ainda uma certa gradação: se no Ato I, o protagonista é obrigado pelos sogros (duplicou-se a oposição a ele, pois há o Sr. e a Sra. de Sotenville) a apresentar desculpas ao rival (a Clitandre, que pertence à nobreza), já no Ato II recebe as pauladas que Angélique distribui como se as estivesse dirigindo ao seu cortejador; e no Ato III, George Dandin é condenado a ajoelhar-se aos pés da fingida Angélique, a apresentar-lhe o pedido de perdão pela "injusta" desconfiança e a promessa de bem comportar-se no futuro. É a total capitulação diante do inimigo — a mulher, os sogros e o rival, seguidos pelos criados (Claudine, Colin e o tolo Lubin).

Com maior número de personagens, bem marca o autor a total solidão do protagonista na sua luta inglória contra a astúcia maldosa da mulher, sendo notável a regularidade com a qual se move o mecanismo de cada ato. Sempre com um ritmo em quatro tempos, desenrola-se o mesmo episódio, fatalmente: o marido se dá conta de que sua honra periclita; convoca os sogros para que testemunhem a situação e ajam como distribuidores da justiça; a astúcia feminina revira a situação; e o marido é confundido. Donde o sub-título esclarecedor: *George Dandin* ou *O marido confundido*.

Se *Os ciúmes do Barbouillé* é um *petit divertissement* que fazia as delícias de um público provinciano, não é menos verdade que deu origem a *George Dandin*, esse *grand divertissement* que recebeu os aplausos de cerca de 3 000 pessoas elegantes, nos jardins de Versailles cortados por jatos d'água, enquanto eram servidos frutos e doces dispostos em elevadas pirâmides.

O casamento forçado, que também teve originalmente três atos, com música e "ballet", pois destinava-se a ser representada no apartamento da rainha-mãe, contou com a colaboração de nomes de prestígio: o músico Lully e o dançarino Beauchamps. Lisonjeando o rei, que muito admirava a dança, reservou-lhe Molière o papel de "egípcio", isto é, cigano, no Ato II; e outros nobres, como o Duque d'Enghien, o duque de Saint-Aignan e o futuro Marechal de Villeroy dançavam entre os artistas e as cantoras (não havia dançarinas, sendo os papéis das mulheres representados por homens). Ao ser encenada, no mês seguinte, na cidade, não permaneceu muito tempo em cartaz, apesar de dispendiosa; daí, em 1668, ao ser impressa, apresentar-se em um ato, sem ballet, e com a supressão de certos elementos, paralela a acréscimos.

Em um ato, esta peça não é senão uma farsa de tema tradicional, como o são *Os ciúmes do Barbouillé* ou *George Dandin* (embora com seus três atos). A mesma linha as aproxima: o noivo apavorado, pressentindo o que o espera da leviana Dorimène, e os maridos já enganados pelas suas respectivas Angéliques, se bem que em *George Dandin* apareça o tema enriquecido com o problema do casamento socialmente desigual — o lavrador rico que se casa com uma "senhorita", sem amá-la e sem ser por ela amado, e se torna o Sr. de la Dandinière, nobreza apenas nominal, porque sente-se, na verdade, repelido, desprezado, e com motivos, cada vez mais fortes, para lamentar-se de sua decisão. Mas, como embrião, lá está a farsa-esboço — *Os ciúmes do Barbouillé*.

PERSONAGENS

Focalizemos, mais detidamente, as personagens das duas últimas peças, em relação às da primeira.

O pouco esperto Barbouillé ou o rico fazendeiro Dandin — maridos enganados pela astuta Angélique — têm um grande companheiro em Sganarelle, o velho que é noivo da jovem Dorimène, namoradeira, frívola e cúpida. Na linha dos Barbouillé, o primeiro é, sem dúvida, o mais grosseiro, tendo o autor carregado no aspecto caricaturesco, pois a peça é uma farsa gaulesa, conjugal e camponesa; mas Sganarelle, com seu pavor de ser traído e sua covardia de enfrentar o irmão da noiva e de romper o compromisso, não fica muito atrás do risível Barbouillé. São personagens tipicamente farsescas.

No paralelo entre ambos e suas medidas para resolver o *cocuage* (que se anuncia para o noivo), ressalta a inventividade molieresca. Se Barbouillé consulta apenas um Doutor, já o noivo, inquieto diante do que o espera, procura — como dissemos — dois filósofos e duas ciganas, num verdadeiro alarde de preocupação. Os dois "filósofos", Pancrace e Marphurius, com sua pretensão e algaravia — é a tradicional figura do *Dottore* da Commedia dell'Arte —, não aliviam ou consolam o pobre *cocu* em potência, mas ao contrário o irritam, sobretudo o segundo, retardando a decisão de ruptura da promessa de casamento; e as ciganas que cantam e dançam com seus pandeiros, que se manifestam com muita ambigüidade, pois se lhe predizem casamento em breve, acrescentam que a mulher "será querida e amada de todos", e que lhe "fará muitos amigos", lhe "dará uma grande reputação", tampouco estas o ajudam: à pergunta direta que exige uma resposta à altura — será traído? — apenas recebe Sganarelle cantos e toques de pandeiro. . . (cena 6). Numa feliz combinação cômica que não havia na primeira farsa, mostra-nos Molière Dorimène, que é a mais calculista, interesseira e cínica das três personagens femininas, como noiva de Sganarelle, que é o maior poltrão entre os protagonistas homens. Enfrenta ele o velho pai de Dorimène, apresentando-lhe a renúncia à mão da jovem; mas diante de Alcidas, o ex-futuro cunhado que é temível para ele, prefere o casamento e todas as conseqüências, tal é o terror diante do "convite" para bater-se em duelo.

De um lado, Molière parte de um tema tradicional — o marido enganado — e desenvolve uma farsa que é, ao mesmo tempo, diferente, graças a certos elementos: desdobra os filósofos e acrescenta as enigmáticas ciganas que predizem sem nada dizer, com o que aumenta a impaciência do "pré-cocu"; de outro lado, suprime os criados. Estes não mais se tornam necessários, pois a nova Angélique, com sua desenvoltura e cinismo, é bem capaz de planejar e agir sozinha contra o desarmado Sganarelle, além de que o irmão espadachim impede a retirada do noivo. E eis o novo Barbouillé, sozinho: sozinho e sabendo de antemão o que Dorimène lhe reserva...

Mas vejamos o Barbouillé-Dandin, ou se quisermos, o Sganarelle já casado e aqueles que o rodeiam, trabalhando em comum acordo para ajudarem Angélique, deixando-o isolado.

George Dandin, como vimos dizendo, segue de perto *Os ciúmes do Barbouillé*, embora aumentada e enriquecida, pois já apresenta um protagonista mais humano. É o marido enganado — como Barbouillé —, mas trágico e cômico. Se desperta o riso, porque sempre é cômica a personagem enganada com a qual não nos identificamos, também desperta a compaixão porque não deixa de ser uma figura humana. A *marionnette* se humanizou, embora conserve seus tiques de boneco. Não é mais o beberrão ciumento, avaro e rabujento; mas o homem que trabalhou, ascendeu economicamente e que, através do casamento, completou a ascensão social. Esta, porém, não é senão aparente: o Sr. de la Dandinière, apesar de todo o dinheiro que lhe possibilitou "comprar" uma esposa nobre, não conseguiu a desejada ascensão na sociedade francesa estratificada e sem mobilidade vertical; não poderá jamais desfazer-se de seu humilde nome e origem — George Dandin, simplesmente. E, a cada passo, a cada nova artimanha da mulher, ironicamente chamada Angélique, que conta com o apoio dos empertigados e "cegos" Sotenville, George Dandin se lamenta contra a situação que ele próprio escolheu, num cômico e trágico desabafo que a nada conduz:

Você assim o quis, você assim o quis, George Dandin (. . .)

Mas, ele desejava enobrecer-se e ter filhos nobres – é a mesma ambição de *O burguês fidalgo*, aquele Sr. Jourdain subjugado pelo anseio de elevar-se na escala social.

Soube Molière enriquecer as personagens da primeira farsa; não mais são os simples bonecos eternos – a mulher e o marido traído –, mas seres que, com toda a sua figura farsesca, representam a realidade observada pelo autor. George Dandin é o camponês que não ignora o valor do dinheiro, não só como poder aquisitivo (depois, dar-se-á conta de que nem tudo é comprável) como também como prova de seus esforços. Dominava-o a vaidade de casar-se com alguém de classe superior, superestimando o poder do dinheiro e não avaliando a desvantagem que encontraria da parte da mulher, sempre apoiada pelos pais, cônscios da própria superioridade. O bastão brandido outrora pelo pai ou avô para se imporem às respectivas mulheres, ele o tem; mas não ousa utilizá-lo contra a "sua" rebelde Angélique, pois nem o casamento, com toda a comunhão que implica, chega a colocá-los em plano de igualdade. Suas tentativas para humilhá-la, já que não pode jamais a ela igualar-se, sempre saem frustradas; por mais que se esforce por tornar pública a má conduta da mulher – só assim, comicamente, conseguirá impor-se como marido! –, sai-se sempre mal, pois Angélique se esforça também, em sentido contrário, evitando cair em suas mãos.

Angélique é leviana e cruel, como sua homônima; mas Molière lhe deu a humanidade que faltava na outra, ou melhor, nas outras. Embora se tenha casado por interesse econômico, aproximando-se de Dorimène que se sente seduzida pelo dinheiro de Sganarelle, é também diferente dessa. Semelhantes, mas dessemelhantes são as três, tendo Molière recorrido a matizes diferenciadores para bem pintá-las. Se o dinheiro não representa um papel importante para a primeira, já é ele a atração para o casamento de Dorimène com Sganarelle e de Angélique com Dandin. Ambas se casam por dinheiro, principalmente Dorimène que, mesmo estando apaixonada por um jovem — Lycaste —, não titubeia em, no próprio dia de seu casamento com o velho, confessar ao seu apaixonado, sem pudor, o móvel de sua decisão:

> Eu o considero sempre do mesmo jeito, e este casamento não deve de maneira alguma preocupá-lo: é um homem com que eu não me caso por amor, e só sua riqueza me leva a aceitá-lo. Eu não tenho dinheiro, você também não, e você sabe que sem isso, vive-se mal; e que é preciso tratar, a todo custo, de obtê-lo.
> (. . .) É um homem que morrerá dentro em breve, pois não tem mais de seis meses na pele (cena 7).

Nem se realizou ainda o casamento, e já alenta esperanças de desembaraçar-se do marido. Chega a expor, sincera e desenfadadamente, ao próprio noivo, os planos de uma vida comum, plena de sociabilidade, e de luxo, além de liberdade, dizendo, entre outras coisas:

> Desejei cem vezes casar-me para logo sair da opressão em que vivo (. . .) Graças a Deus, o senhor felizmente veio para isso, e eu me preparo, a partir de agora, para divertir-me e recuperar o tempo perdido (cena 2).

É, realmente, diferente da segunda Angélique. Vítima dos pais, que nada mais são que o reflexo da sociedade do tempo, foi Angélique "vendida" a George Dandin, sem ter sido ao menos consultada. O dinheiro do fazendeiro foi a chave com que ele abriu a porta dos fundos da residência dos Sotenville, decadente e necessitando de reparos e suportes; houve a compra e a venda, com tudo o que isso implica. Angélique, porém, não o escolheu, não o ama e sente que não é amada; o interesse da união foi outro, e o amor ou a admiração jamais contou, sendo impossível a mútua compreensão. Donde a revolta contra esse George Dandin (seria Dandin uma modificação intencional de *dindon, peru?*), que pretende pavonear-se como o dono da ex-Srta. de Sotenville, e que não vê outra forma para dominá-la senão provando que ela é adúltera (na peça, não o é ainda, pelo menos), se bem que com isso ele próprio se coloque no ridículo e inglório papel de *cocu*.

Os Sottenvile, os sogros, que representam a duplicação do tolo Gorgibus da primeira peça, são os nobres provincianos, alvo de burla dos marqueses da corte de Versailles. Orgulhosos de seu brasão e de suas tradições, pretendendo-se justos e zelosos defensores do bom nome da família, esmeram-se ao contrário em encobrir os deslizes da filha, com o que diminuem o genro que, para eles, no fundo, continua a ser George Dandin. Tanto é assim que este não deverá tratá-los de sogro e sogra, embora ambos a ele se dirijam como "meu genro". Aliás, trata-se de forma protetora que implica superioridade. E é sobretudo a Sra. de Sotenville que se atém às marcas exteriores de civilidade, dizendo-lhe:

Meu Deus! nosso genro, como o senhor tem pouca civilidade, até o ponto de não cumprimentar as pessoas quando o senhor se aproxima delas! (. . .)

O senhor não desistirá nunca de empregar para comigo a familiaridade desta expressão "minha sogra" e não poderia acostumar-se a dizer. "Senhora"?

Se ele tenta fazer-lhe ver que ela o chama "meu genro", vem imediatamente a resposta que sublinha a desigualdade de situação:

Haveria muito a dizer, já que as coisas não são iguais. Saiba, por favor, que não cabe ao senhor servir-se dessa expressão com uma pessoa de minha condição; que por mais que seja nosso genro, há uma grande diferença entre o senhor e nós, e que o senhor deve reconhecer quem é.

São dois mundos que não falam a mesma língua, ou melhor, o dos sogros não pode e não quer falar a língua do genro, e o de George Dandin não deve (além de não poder) falar a deles. Aliás, Clitandre, o rival em potência de Dandin, pertence a esse universo no qual está proibido o ingresso do protagonista, pois a este apenas é permitido fornecer o dinheiro que preenche "os buracos" nas finanças dos Sotenville... Mundos social e economicamente incomunicáveis, com uma série de implicações, é o que encontramos em *Georges Dandin*; um enriquecimento molieresco a partir do esboço de *Os ciúmes do Barbouillé*.

Mesmo as outras personagens que constituíam o estofo daquela primeira farsa, agora surgem melhor tratadas. Se há a supressão do Doutor pedante, prolífero em absurdos e em frases latinas — personagem tradicional da Commedia dell'Arte, insistimos — há o aumento do número de criados que rodam em torno dos protagonistas, numa inversão do que ocorre em *O casamento forçado*. A partir de Cathau, criou Molière Claudine, que se desdobra em apoiar as aventuras de Angélique, fonte de vantagens; Lubin e Colin são, no entanto, novos, no sentido de que não haviam aparecido na farsa do Barbouillé. Se Colin, criado de Dandin, com suas escapadas e tropeços com o patrão, tem um papel apenas para fazer rir (Ato III, cena 4), já Lubin, o criado camponês de Clitandre, é o protótipo do imbecil que se crê vivo e inteligente e que, numa réplica de Dandin — com as devidas reservas — pretende casar-se com Claudine, sem sequer desconfiar do que o espera, pois é ela a alma negra de Angélique, sem nada que atenue seu comportamento.

Todas estas personagens — dois sogros em lugar de um e três criados em lugar de um —, ao redor de Dandin (Barbouillé) e Angélique, são tristemente humanas, nelas havendo uma certa nota de verdade, apesar do tom farsesco da peça. Se diante da primeira, explodia o riso rude semelhante àquele que provoca a comédia-*fabliau*, já aqui transparecem graves questões, como a do desentendimento conjugal, esboçado na outra, mas agora reforçado pelas diferenças entre o casal: temperamento, idade, gostos, educação, classe, riqueza; tudo isso o separa. Mas outras surgem, ainda: a questão da liberdade das moças para a escolha de marido; e, se avançarmos um pouco, a questão da vaidade da nobreza do sangue, nobreza que exige seus direitos em detrimento dos da nobreza de coração, que está nítida em *Dom Juan*.

Farsa construída para provocar o riso, da mesma forma que *Os ciúmes do Barbouillé*, não pode Molière abster-se de fazer com que surgissem muitas talvez de suas preocupações. Se os cortesãos do século XVII não as viam como as vemos hoje, riam pelo menos dos maridos *cocus*, ridículos nos seus ciúmes e nas suas infrutuosas tentativas de sairem vitoriosos na sua luta contra as mulheres — a eterna disputa entre o homem e a mulher, que é, em última análise, a luta pelo poder, tão velha quanto o mundo.

Esquematicamente, temos:

Barbouillé ⟷ Angélique, sua mulher
Sganarelle ⟷ Dorimène, sua noiva
Dandin ⟷ Angélique, sua mulher

E os maridos traídos (ou futuro marido traído) sempre sós, pois todos se aglutinam ao redor das mulheres, pondo-se contra eles, de maneira a negar-lhes o poder:

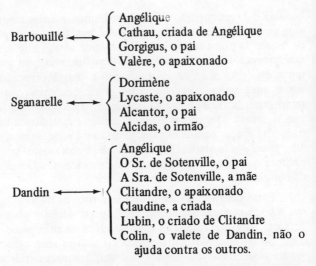

Barbouillé ⟷ { Angélique
Cathau, criada de Angélique
Gorgigus, o pai
Valère, o apaixonado

Sganarelle ⟷ { Dorimène
Lycaste, o apaixonado
Alcantor, o pai
Alcidas, o irmão

Dandin ⟷ { Angélique
O Sr. de Sotenville, o pai
A Sra. de Sotenville, a mãe
Clitandre, o apaixonado
Claudine, a criada
Lubin, o criado de Clitandre
Colin, o valete de Dandin, não o ajuda contra os outros.

Como vemos, cada vez mais solitários e desarmados, o Barbouillé e confrades estão fadados à derrota, nessa tradicional disputa conjugal. *Os ciúmes do Barbouillé* é bem a farsa gaulesa do camponês enganado, mas que ganhou uma outra dimensão, sobretudo em *George Dandin*. Inegável é, no entanto, que, por mais sumária que seja a pintura do Barbouillé, com sua incapacidade de ser amável, com sua indiferença em relação à mulher e aos filhos, com suas andanças pelas tabernas, ao mesmo tempo que se preocupa com o seu bom nome, já evidencia "um relevo incontestavelmente vigoroso"[6]. Sua complexidade, apenas esboçada, já prefigurava grandes criações molierescas. É óbvio que uma distância notável separa Alceste, a inesquecível criação do dramaturgo, de Barbouillé--Sganarelle-Dandin; porém, com as devidas ressalvas, uma frase

6. R. JASINSKI, *op. cit.*, p. 21.

do misantropo, dirigida à coqueta Celimène, poderia perfeitamente ser pronunciada pelo primeiro:

> É que todo o universo é bem recebido pela senhora
>
> (*O Misantropo*, v. 496).

Por sua vez, quando Jasinski comenta essa obra-prima, diz que Alceste mereceria ouvir, como George Dandin, a mesma censura:

> Você o quis, Alceste[7].

Mas Sganarelle e George Dandin são, indiscutivelmente, os parentes mais próximos de Barbouillé; e *O casamento forçado* e *George Dandin*, sobretudo a segunda, apresentam semelhanças irrefutáveis com *Os ciúmes do Barbouillé*, farsa que deve ser considerada "um embrião do teatro molieresco".

---

7. R. JASINSKI, *Molière et "Le Missanthrope"*, Paris, Nizet, [1970], p. 145.

3. A FARSA O MÉDICO VOLANTE E SUAS RELAÇÕES COM OUTRAS PEÇAS

ORIGEM

A farsa *O médico volante* apresenta, como se sabe, vários equivalentes italianos: Um deles é o roteiro de Dominique, da segunda metade do século XVII, que, apesar de incompleto, contém cenas com *lazzi* e palavras espirituosas de Arlequim, e estas evocam a farsa francesa; omite, no entanto — e isso é digno de nota —, o episódio responsável pelo título. Aliás, no roteiro, apenas constam as cenas que, em Molière, têm os números 1 e 8.

Os estudiosos das fontes, oscilando entre o manuscrito italiano e o da farsa *O médico volante*, procuraram estabelecer qual o primeiro, uma vez que o último fora encenado em Paris, em 1659, e Dominique lá chegara só em 1660; mas, como nota Attinger, o problema se resolve, se considerarmos que a chegada dos italianos data de muito antes. Por outro lado, Boursault confessava a inspiração italiana de sua peça, que tem o mesmo título que a atribuída a Molière (1660); e Toldo chamava a atenção para o fato de que So-

55

maize, ao referir-se a *O médico volante*, acrescentava: "que todos conhecem". Isto levou vários críticos a considerarem a hipótese de um ou mais arquétipos, ou de uma tradição na qual autores, entre os quais Molière, teriam se inspirado.

Estudos comparativos, que nos são informados por Attinger, testemunham a simplicidade de Molière (se é que compôs *O médico volante*) em relação aos outros que trataram o tema, quer quanto à intriga amorosa (apenas um par, e não dois pares amorosos), quer quanto ao episódio da mistificação de Gorgibus (o plano parte, na farsa molieresca, de Sabine, sua sobrinha), como também quanto a vários outros elementos: desmaio de uma das moças, pauladas, interpretação de sonhos pelo falso médico, qüiproquós, etc. Ou, como salienta o mesmo autor, Molière não se interessa pelo *"lazzi* puro, gratuito, que não revela verdadeiramente um caráter, e que não é senão uma espécie de exaltação do cômico"; se Molière suprime muitos elementos, simplifica a trama, estas modificações "visam, em resumo, a concentrar todo o interesse no jogo e na gesticulação, traduzindo caracteres"[1].

Molière, portanto, com seu talento incipiente mas incontestável, utilizou o modelo italiano, modificou-o, conservando porém não poucos traços do estilo da Commedia dell'Arte. Freqüentes são as indicações "etc." ou "Galimatias", que permitiam a improvisação, no estilo da Commedia dell'Arte; garantiam a livre criação dos atores, apesar de que, como sabemos, eles memorizavam certas frases ou tiradas que eram inseridas quando lhes pareciam necessárias. Conheciam o efeito que elas produziam sobre o público; donde

1. G. ATTINGER, *op. cit.*, pp. 118-22.

aproveitá-las no momento oportuno[2]. Improvisação, mas também, a falsa improvisão. . .

ESTRUTURA

A farsa trata um tema tradicional, o da autoridade paterna (Gorgibus) que quer impor um casamento a Lucinde, já apaixonada pelo jovem Valère. Na tentativa de evitar o casamento planejado, Sabine, prima de Lucinde, expõe a Valère o plano de ambas: Lucinde finge estar doente e Valère deve encontrar um falso médico que possa introduzir-se na casa da amada e recomendar ao pai desta que faça com que a filha respire o ar puro do campo; como o avarento Gorgibus instalará, seguramente, a moça num pavilhão no fundo de seu jardim, lá poderão falar-se os dois jovens, chegando à desejada solução: o casamento. Valère se entende com seu criado Sganarelle, que não é nenhum gênio (diz ele), mas que se revela, no correr da peça, como dotado de uma grande e cômica inventividade — é a crítica à medicina, uma obsessão molieresca, da qual trataremos mais adiante. O desenlace feliz, característico desse tipo de teatro, é obra de Sganarelle, se bem que o plano inicial tenha partido de Sabine.

O médico volante é, diz-nos laconicamente Gutwirth, por "pertubadoras antecipações", um "esboço de toda uma série de ilustres comédias" que passa ele então a enumerar: *O aturdido, O amor médico, O médico à força, As artimanhas de Scapin* e *O doente imaginário*[3].

2. NAPOLÉON-MAURICE BERNARDIN, *La Comédie Italienne en France et les Théâtres de la Foire et du Boulevard* (1570--1791). Genève, Slatkine Reprints, 1969, p. 8.

3. M. GUTWIRTH, *op. cit.*, p. 11.

57

Deixemos de lado *O Aturdido*, em que surge o valete Mascarille engenhando-se por ajudar o caso amoroso do jovem amo, Lélie, que, por generosidade e até mesmo ingenuidade, desfaz todos os planos, numa sucessão de breves intrigas; e focalizemos *O amor médico*, esta comédia-"ballet" composta de três atos, e em prosa, em que retoma Molière um dos velhos temas da Commedia dell'Arte, já tratado em *O médico volante*. Não fosse o título em que surge *o médico*, teríamos mesmo assim muitos pontos de contato: a jovem que encontra também a oposição paterna chama-se Lucile, nome bem semelhante ao da moça da primeira farsa. E se ela passa por doente para alcançar o que deseja — tal como seu modelo —, já aqui vêm cinco médicos e todos tão ridículos como Sganarelle, o falso médico, sendo que, a esse grupo absurdo, vem reunir-se um charlatão, que é o próprio Clitandre, o apaixonado de Lucile; não se fia em criados, e ele próprio se apresenta disfarçado, diagnosticando o mal. Sob o pretexto de que a moça ficará curada se casar-se — é a grande diferença —, chegam os dois jovens à cerimônia nupcial, que se pretende simulada, mas que depois se declara legítima. E tudo isso nas barbas do velho pai, que agora se chama Sganarelle, justamente o nome do valete da primeira farsa[4].

Como ocorre sempre nesse tipo de comédias, o par amoroso não é motivo de riso. Este provém ou do ridículo do pai, com a sua autoridade exorbitada, ou do retrato absurdo dos médicos, com sua pseudociência. Já em *O médico volante* provinha o riso das "habilidades médicas" de Sganarelle, além de sua destreza física, entrando e saindo pela janela, ao mesmo tempo que se dividia entre médico e valete.

4. Sobre a permanência e as mutações de Sganarelle, trataremos mais adiante.

Agora, a sátira à ignorância e à pretensão desses profissionais se torna bem mais aguda, não só pelo número de médicos "reais" (e mais Clitandre disfarçado), como, entre outras, pela sua individualização.

A farsa, como se vê, tem os médicos como centro; o problema amoroso de Lucile-Clitandre que tem como base a oposição de Sganarelle e que encontra solução graças ao apoio da criada Lisette (prenúncio da desenvolta Dorine de *O Tartufo*), apenas serve como ponto de partida para sátira. A crer nas palavras de Molière, a peça é:

> só um simples traço, um improvisozinho com o qual o Rei quis ter um divertimento. O mais apressado de todos os que Sua Majestade me encomendou, e, se eu disser que ele foi proposto, feito, decorado e representado em cinco dias, não direi senão a verdade[5].

"Simples traço ou esboço", se comparada a *O Tartufo* ou ao *D. Juan* que o precedem, e a *O Misantropo*, que o sucede; porém, mais que um "simples traço", se cotejado com *O médico volante*, este sim, esqueleto ou mera armação que era preenchida com a improvisação dos atores, seguindo as pegadas dos comediantes italianos. Só que aqui, como vimos dizendo, Molière já é possuidor de maior destreza, podendo trabalhar com maior número de personagens.

Também *O médico à força* procede de *O médico volante*, numa certa medida. A presença de Sganarelle, numa e noutra farsa garante o parentesco entre ambas, embora seja valete numa, e enfeixador de lenha na outra. Em ambas, é o falso médico, ainda que circunstâncias diferentes o tenham levado ao exercício de tão rdícula profissão, segundo a óptica molie-

5. MOLIÈRE, *Oeuvres Complètes*, Paris, Garnier Frères, 1962, Tome I, p. 781.

resca. Mas fontes várias inspiraram o autor, que as agrupou, imprimindo-lhes seu cunho pessoal, e compondo assim a farsa que vem sendo considerada uma das mais populares — é o que traduzem as estatísticas, com o número de representações que aumenta de ano para ano, na França.

A peça consta de duas "histórias", das quais a primeira é responsável pelo título: Martine, para vingar-se do marido que a faz vítima de pancadas, dá certas informações a dois criados que estão à procura de um bom médico para Lucile, filha de Géronte, que perdeu a voz. Sganarelle, diz ela, é um homem estranho, pois se enfeixa lenha, é, na realidade, um médico ilustre que só revela seus conhecimentos quando recebe golpes. É o que lhe fazem; dão-lhe fortes pauladas e conduzem-no até a casa de Géronte, onde vai mostrar sua sapiência, de maneira tão ou mais cômica que seu irmão ou pai, o primeiro Sganarelle. Esta parte provém, em linha direta, da Idade Média e dos *fabliaux*; e principalmente de *Le Vilain Mire* (*O camponês médico*). Neste, encontramos não um pobre enfeixador de lenha, mas um camponês rico que bate na mulher, até que ela, para vingar-se, indica-o como o médico estranho que necessita de pauladas. O camponês do *fabliau*, além de rico, cura miraculosamente a filha de um rei que se engasgara com uma espinha de peixe (ele a faz rir, com suas palhaçadas, e a espinha sai), bem como um grupo de pessoas que, devendo escolher entre a morte e a cura, prefere a segunda, declarando-se perfeitamente são. Ora, Molière vale-se, em parte, de tal roteiro: seu "médico à força" cura a "a doença fingida" da filha de Géronte — ela também está muda —, mas com o remédio amoroso: ajuda Léandre, o apaixonado, que, disfarçado de boticário, consegue introduzir-se na casa e raptá-la.

No *fabliau*, o camponês-médico retorna ao lar, triunfante, porém mais brando e submisso, além de mais rico. Já o valete-médico de Molière não se enriquece; escapa da situação em que foi envolvido pela mulher, volta ao lar, e recobra o ânimo e a autoridade. Se a primeira "história" de *O médico à força* provém daquele texto medieval, a segunda — a do marido que deseja e obtém a cura da afasia da mulher, mas que depois não suporta sua tagarelice e chega a suplicar para que os médicos lhe devolvam a mulher antiga, isto é, completamente muda — provém esta de *Pantagruel*, de Rabelais (Livro III, Cap. XXXV). Molière nos mostra a reação de Géronte diante de sua filha curada, que, numa torrente de palavras, recusa o marido que ele lhe impõe. Géronte diz:

> Ah! que impetuosidade de palavras! Não há meio de resistir. (A Sganarelle) Senhor, eu lhe peço; faça-a muda, novamente (Ato III, Cena 6).

Quanto aos médicos, já os vinha criticando Molière; e tal sátira — ninguém o ignora — se agrava à medida que avança sua carreira de dramaturgo.

Embora compreenda três atos, a peça é uma farsa, e uma das melhores farsas molierescas; texto não esquemático — não se trata de um "canevas" —, mas dá liberdade aos autores para que intercalem frases ou gestos cômicos, divertindo-se e divertindo o público. Várias ações se cruzam na peça; porém o desentendimento conjugal é o fio condutor, ou melhor, serve de moldura a tudo o que se passa na peça: a sátira dos médicos; as desventuras e a ventura final do parzinho apaixonado; o despotismo de Géronte, ridicularizado. As situações cômicas, esparsas, constituem a peça; a ação apenas serve de suporte à veia cômica, devendo-se, no entanto, salientar a arte da introdução: rápida, sem tropeços, e de inegável efeito dramático. O autor de *O médico volante* agora já domina sua arte; mas as sementes já lá estavam visíveis, com o falso-médico Sganarelle, ajudando o par apaixonado.

Quanto a *As artimanhas de Scapin*, peça com três atos e em prosa, tem suas origens em Terêncio (*Fórmio*) e em Plauto (*Báquides*), os grandes comediógrafos latinos, não faltando, dizem, a influência de vários autores do século XVII. Boileau, em *A Arte Poética*, tratando da comédia, elogia o Molière moderado, autor de *O Misantropo*, subestimando o Molière que "associou a Terêncio Tabarin"[6]; pensa, sobretudo, na cena 2 do Ato III, em que o criado Scapin faz com que o velho Géronte entre num saco, e aí lhe distribui fortes bastonadas. Tal procedimento para provocar o riso era habitual, desde os velhos *fabliaux*, não sendo portanto necessário que Molière recorresse aos modernos, tais como Scarron ou Rotrou.

Por mais que se aumente a lista dos inspiradores do dramaturgo, nem assim é possível deslustrar o seu talento, desfazer a unidade da peça. Como bem nota Jouanny, "aquele que Molière aqui copia é o próprio Molière"[7], já senhor da arte de fazer rir; sabe introduzir cenas mais tranqüilas no meio dos atos, plenos de movimento. Por exemplo, as cenas em que o vivo Scapin recebe as confidências dos apaixonados e lhes promete ajuda permitem que os espectadores descansem, após todo o movimento que domina a peça, com seus jogos de cena, do tipo *guignol*, como na cena 3 do Ato II; com suas cômicas repetições, pauladas e diálogos contrastantes, como na cena 4 do Ato I e na cena 3 do Ato III; ou, ainda, no final, a imprevista (ou seria prevista?) ressurreição de Scapin, que é trazido para o palco, tendo a cabeça enro-

6. BOILEAU, *Art Poétique*, Paris, Larousse, s.d. Canto III, v. 398.

7. R. JOUANNY, "Notice", in *Oeuvres Complètes* de Molière, Paris, Garnier Frères, 1962, Tome II, p. 590.

lada com panos, como se estivesse ferido. É que o malandro, após todas as suas patifarias e confusões, pretende ser perdoado mediante a chantagem emocional.

Se bem que aqui não surja a sátira dos médicos — ela retornará em *O doente imaginário* —, Scapin é o Sganarelle de *O médico volante* ou o Sganarelle de *O médico à força*; mas o Molière que, inicialmente, lidava com menor número de personagens, aqui aumenta-o. O novo Sganarelle, sob outro nome, ampara com sua inventividade não apenas um casalzinho; "trabalha" agora para favorecer dois pares e opõe-se, conseqüentemente, a dois velhos pais. Para armar a peça, que é conduzida pelas artimanhas de Scapin, o grande enganador, era exigido maior domínio da arte cênica, enfim o virtuosismo que só seria possível após ensaios, treinamentos. O primeiro ensaio é o de *O médico volante*, havendo outros em várias outras peças.

Se colocarmos sob forma de gráfico, temos:

Em *O médico volante*

Sganarelle ———————→ { Lucile, filha de Gorgibus
   valete de Valère   Valère, namorado de Lucile
   (valete-médico)

↕

Gorgibus, pai de Lucile

Em *O amor médico*, encontramos:

Sganarelle, ←———————→ { Lucinde, filha de Sganarelle
pai de Lucinde   Clitandre, namorado de Lucinde
            ("médico")

Aqui desaparece o valete, e surge o pai com o nome Sganarelle. Ao "médico", ridículo com sua pseudo-ciência, sucedem cinco médicos e mais um (Clitandre, disfarçado). Mas os cinco médicos apenas constituem o elemento cômico, pois é Clitandre que ocupa dois importantes papéis da primeira farsa: o seu, de apaixonado; e o de Sganarelle, "o médico" que intervém na ação, levando ao casamento.

Em *O médico à força*, vemos:

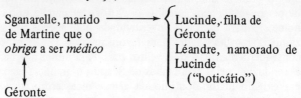

Em *As artimanhas de Scapin*, nos deparamos com:

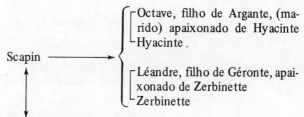

Argante, pai de Octave,
e Géronte, pai de Léandre.

O valete Scapin, que não é médico, substitui o Sganarelle (valete-"médico") de *O médico volante* e o Sganarelle (enfeixador de lenha-"médico") de *O médico à força*. Comédia de intriga, com sua ação complicada, *As artimanhas de Scapin* faz-nos conhecer Hyacinte, moça pobre e de origem ignorada, e Zerbinette que fora raptada por ciganos quando era ainda criança; mas ambas são reconhecidas no final: Hyacinte é filha de Géronte; e Zerbinette, filha de Argante. Finaliza com o casamento de um par, e a aceitação do casamento do outro par. Aliás — repetimos — todas essas peças, como também a que veremos agora — *O doente imaginário* — se encerram com o matrimônio.

Nesta última peça, reaparecem os médicos, como em *O amor médico*, repetindo-se em parte o seu esquema, combinado com o de *O médico volante*.

Desaparece Sganarelle (pai); este agora se chama Argan, e temos:

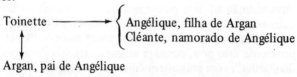

Ora, no lugar do Sganarelle valete está a criada Toinette, pois esta se disfarça de médico, como o fizera Sganarelle em *O médico volante*, mas apenas numa única cena. Apesar de tratar-se de peça em que Molière se aprofunda na pintura cômica de um maníaco (que seria trágica, não fosse a linha hiperbólica, caricaturesca), *O doente imaginário* associa a primeira e a terceira peças que aqui focalizamos. É bem verdade que, salvo a segunda e a terceira, bem como a quarta e a quinta peças do grupo, que estão próximas quanto ao ano de sua criação, já maior tempo separa a primeira da última; mas justamente por isso, indubitável é a vinculação entre elas: a primeira é de data ignorada; mas as outras são de 1665, 1666, 1671 e 1673, respectivamente.

A temática, a estrutura (com pequenas alterações) parecem atestar a paternidade molieresca: *O médico volante* foi composta pelo dramaturgo.

PERSONAGENS

Focalizando, um pouco mais atentamente, as personagens, notamos a permanência de certas características: o casalzinho amoroso e seu problema; a sátira dos médicos que, se não aparece em *As artimanhas de Scapin*, ao contrário se faz presente, com grande vigor, na última; a ajuda de um valete (ou de uma criada, na última peça); enfim, a presença de uma personagem chamada Sganarelle. E não são poucos os Sganarelle de Molière.

Mas detenhamo-nos antes em *O amor médico*. Se na farsa-embrião há sete personagens, nesta há mais do dobro — quinze —, sem contarmos as do Prólogo (A Comédia, A Música, o Ballet) e as dançarinas que constituem o "Ballet." propriamente dito pois, como já sabemos, trata-se de uma Comédia-"ballet", com seus intermédios de dança e música.

Num paralelo esquemático, temos:

O médico volante	*O amor médico*
Valère, apaixonado de Lucile.	Clitandre, apaixonado de Lucinde
Lucile, filha de Gorgibus. . . .	Lucinde, filha de Sganarelle
Gorgibus, pai de Lucile.	Sganarelle, pai de Lucinde
Gros-René, valete de Gorgibus	Champagne, valete de Sganarelle
Sabine, prima de Lucile . . . :	Lucrèce, prima de Lucinde
Sganarelle, valete de Valère . .	Lisette, criada de Lucinde
Um advogado	Um notário
. . . .	Cinco médicos
. . . .	Aminte, vizinha de Sganarelle
. . . . :	M. Guillaume, vendedor de tapeçarias
	M. Josse, ourives

Como vemos, como ponto de partida, temos o pai e a filha, e seu desacordo, em virtude da escolha de marido. Só que, agora, o pai mudou de nome; antes, quer em *Os ciúmes do Barbouillé*, quer em *O médico volante*, ele se chamava Gorgibus, e não era dos mais brilhantes, podendo ser facil-mente enganado pela filha: a astuta Angélique e a ingênua mas obstinada Lucile, fortalecida pela prima.

Em *O amor médico*, à prima amiga sucede a criada Lisette, pois a prima Lucrèce gostaria de ver Lucinde no con-vento — meio de tornar-se a única herdeira de Sganarelle, pre-figurando, rapidamente, a madrasta de Angélique, a interes-seira Béline de *O doente imaginário*. Se o valete Sganarelle é, na primeira farsa, o charlatão que possibilita a aproximação do casalzinho apaixonado, já aqui é o próprio Clitandre que defende seus interesses, endossando a ridícula roupa dos mé-dicos e sua charlatanice, porque, no fundo, os cinco médicos também a praticam. Mas Molière, carregando na sátira, diver-sifica-os, com a apresentação de *seis* e não apenas um; conse-gue individualizá-los, ao mesmo tempo que os equipara em ignorância, pretensão e egoísmo. Ao Gros-René que, apesar de seu aspecto pesadão e lento, desmistifica o ágil Sganarelle que salta janelas e que se despe e veste com ímpar habilidade, não há equivalente em *O amor médico*, pois Champagne não representa nenhum papel importante na ação. Inversamente, atribui Molière uma função relevante ao advogado de *O mé-dico volante*, pois é ele agora o notário que, em conluio com Clitandre e com o ingênuo consentimento de Sganarelle que tudo ignora, realiza o casamento dos jovens, sem que o maior opositor chegue a desconfiar.

Já outras personagens novas, embora apenas atraves-sem a cena, testemunham os interesses particulares que as movem; se visitam a doente é porque, como a prima Lucrèce, pensam tirar proveito da situação: o ourives, vender uma jóia; o vendedor de tapetes, obter um comprador. É o Molière, observador da natureza humana, que, com pinceladas rápidas, aqui se manifesta mais declaradamente que em *O médico volante*, o embrião de seu teatro. As semelhanças são grandes; e as dessemelhanças significam o florescimento do que surgia em estado embrionário, tal uma árvore que, com o tempo, apresenta o nascimento de novos galhos.

Mas teçamos algumas considerações sobre Sganarelle. De nome italiano, se se aproxima dos Pantalones e dos Arlequins da Commedia dell'Arte, não é menos verdade que se assemelha ao camponês da farsa francesa tradicional. Que ele se apresente como criado ou amo, pai ou pretendente, viúvo ou marido, está "sempre ameaçado, em suas três partes sensíveis, *o dorso, a bolsa* ou *a mulher*", e prestes a ser "surrado, roubado, enganado"[8].

Até o momento, neste capítulo, vimos três Sganarelles. Mas o nome do "médico volante" reaparece seis vezes, desde *O "cocu" imaginário* até *O médico à força*, passando por: *A escola dos maridos, O casamento forçado, Dom Juan* e *O amor médico*. No entanto, Lanson dizia que Sganarelle "contém Arnolphe e Dandin e Orgon"[9], isto é, as personagens enganadas, embora de diferentes maneiras, de *A escola das mulheres*, de *George Dandin* e de *O Tartufo*, respectivamente. Lista considerável e que poderia ser aumentada, se considerarmos, como o fez J. M. Pelous, que são todas "personagens aparentemente diferentes[10], uma vez que era o próprio Molière

8. G. LANSON, *op. cit.*, p. 217.

9. GUSTAVE LANSON, citado por M. GUTWIRTH, *op. cit.*, p. 40.

10. J.-M. PELOUS, *op. cit.*, pp. 821-49.

que as interpretava, imprimindo-lhes um certo jogo cômico, sempre reconhecível.

Ao compô-las, Molière-autor não perdia de vista o Molière-ator, sabendo o quanto podiam ser enriquecidas, no palco, atraindo os aplausos. Assim, ao Sganarelle, além de Arnolphe, Dandin e Orgon, poderiam ainda ser reunidos: Harpagon de *O avarento*, o Sr. Jourdain de *O burguês fidalgo*, e Argan de *O doente imaginário*; são, todas essas personagens, reencarnações do primeiro Sganarelle, se bem que sob outros nomes, pois o que lhes garante o parentesco são os mesmos tiques, as mesmas manias (embora manias diferentes: a obsessão do dinheiro, a da nobreza, a da doença, etc.) e a mesma significação cômica[11].

É o tipo criado pelo Molière, alimentado não só pelas farsas tradicionais francesas, mas também pela Commedia dell'Arte. Por mais que mudem as situações, Sganarelle continua com certas características que lhe são próprias, tal um Arlequim ou um Scaramuccia — é a permanência dentro da diversificação, permanência garantida, repetimos, pelo autor--ator-Molière. Basta computarmos o número de cenas em que Molière-ator aparece em cada uma dessas peças, com seu jogo farsesco:

Em *O médico volante:* Sganarelle — 11/16
Em *A escola dos maridos:* Sganarelle — 20/23
Em *D. Juan:* Sganarelle — 26/27
Em *O médico à força:* Sganarelle — 17/21
Em *O casamento forçado:* Sganarelle —·do começo ao
    fim da peça

11. J.-M. PELOUS, no estudo citado, chega a ver Alceste, de *O Misantropo*, nessa lista. E ainda, Chrysale, de *Les Femmes Savantes (As sabichonas)*.

69

Em *O "cocu" imaginário:* Sganarelle — 14/24, se bem que domine a peça, mesmo quando ausente
Em *O amor médico:* Sganarelle — 16/21
Em *A escola das mulheres:* Arnolphe — 31/32
Em *George Dandin:* George Dandin — 18/23
Em *O Tartufo:* Orgon — 19/31
Em *O avarento:* Harpagon — 23/32, embora domine tudo e todos, até o final
Em *O burguês fidalgo:* Jourdain — 23/24
Em *O doente imaginário:* Argan — 27/31

Molière, colocando-se freqüentemente nas suas peças, representando os papéis cômicos, sabendo transmitir-lhes certas notas constantes — o que garante a permanência de um tipo —, praticou, portanto, a peça *à vedette*. Ele era a *vedette*[12], que improvisava conforme o exemplo de Scaramuccia, se bem que numa improvisação pessoal ditada pelo seu talento de *farceur* e consoante com o gosto do público, havendo uma interação: autor-ator e espectadores. Se ele imprimia constantes em seus papéis, o público dele esperava tais constantes, numa inegável reciprocidade. E assim era Molière perfeitamente identificável em peças diferentes e sob nomes igualmente diversos do de Sganarelle.

Faz-se necessário salientar que entre o Sganarelle de *O médico volante* e os outros Sganarelle (sob esse nome ou outro) há uma visível dessemelhança e sobre a qual não podemos calar. O primeiro é — dissemos — inventivo, engenhoso, ágil e hábil em palavras (absurdas pela ignorância da profissão de médico), como em movimentos (entrando e saindo pela janela, ora com a roupa de médico, ora com a de valete, para enganar Gorgibus convicto, pelas próprias explicações do

12. R. BRAY, *op. cit.*, p. 197.

valete, de que há dois irmãos gêmeos, afastados por diferenças de profissão e de caráter, e que devem ser reconciliados). Este Sganarelle *meneur de jeu* é um criado de intriga, parente de Mascarille e de Scapin, sendo um reflexo dos espertalhões da comédia italiana. Recordemos o Mascarille de *O aturdido* e de *As preciosas ridículas*, e o Scapin de *As artimanhas de Scapin*, com sua veia cômica brilhante, com seu alegre dinamismo.

Depois, o Sganarelle-Mascarille dá lugar ao Sganarelle (outros), oposto ao anterior, pois nada tem de brilhante ou do enganador-vitorioso; ao contrário, é pesado, não esperto, saindo sempre, e apesar de seus empenhos, enganado e inglório das situações em que se encontra. À exuberância, ao esvoaçante e alegre dinamismo se sucedem a opacidade e até mesmo a imbecilidade — outro tipo de expressão cômica, que iria fazer carreira, até que retorna o primeiro Sganarelle, não mais vítima e enganado, mas triunfador e enganador a partir de um certo momento da peça *O médico à força*, e que não seria reconhecido não fossem o nome e o medo das pauladas — esse grosseiro procedimento tradicional que os doutos, entre os quais Boileau, não podiam aceitar no teatro.

O fato de Molière passar de um a outro tipo de Sganarelle não significa que a farsa *O médico volante* não seja de sua autoria. Ao contrário, corrobora a afirmação de que é ele o autor; apenas mudou de linha, julgando que o tipo da vítima, com o qual nenhum espectador se identifica, constituía melhor fonte do riso. E ele optou pelo Sganarelle não esperto, não vivo, não capaz de sair-se bem das situações, apesar de todos os esforços — tipo do qual o espectador ri por ver-se refratário a tais debilidades. Além disso, não deixa de ser curioso o fato de que na última peça em que surge o nome de Sganarelle — *O médico à força* —, este retome, sob

certo aspecto, as características do primeiro: enganadores-
-vitoriosos que são desmascarados no final, mas que são
então perdoados.

É bem verdade que este é o útimo Sganarelle-Sganarelle,
traidor dos Sganarelle anteriores, mas fiel ao primeiro —
esperto, na sua ignorância; e mais completamente triunfante
na sua mistificação. Porém, o tipo do Sganarelle-vítima, com
o qual o espectador ou leitor instintivamente não se identi-
ficam, pois não se vêem em papel tão ingrato ou inglório —
donde o riso irrefreável —, esse tipo se perpetuaria sob outros
nomes. Como salienta J.-M. Pelous, na carreira de tal tipo
cômico, podem ser considerados "três ciclos que às vezes
interferem, mas que tendem, apesar de tudo, a suceder-se
cronologicamente" e que assim se apresentam, de maneira
esquemática:

- de início, um *ciclo do casamento*, em que surgem
  Sganarelle (três vezes), Arnolphe e George Dandin.
- depois, um *ciclo do valete*, com os Sganarelle de
  D. Juan, e de *O médico à força*, assim como Sosie
  (de *Anfitrião*) e Clitidas (de *Os amantes magníficos*).
- O *ciclo do pai burguês* que compreende o Sganarelle de *O amor médico*, Orgon, Harpagon, Jourdain,
  e Argan. É o mais rico dos três.

Estes Sganarelle, Molière os criou não para que fossem
encarnados por outros atores de sua *troupe*; mas para si,
levando críticos à idéia de que ele incorporava à personagem
certas particularidades físicas suas, conferindo a marca facilmente identificável. De um a outro Sganarelle, visíveis são
as constantes: a cólera contra os outros e contra si mesmos;
a mobilidade facial, reveladora da instabilidade psicológica,
a inabilidade e a inaptidão dos movimentos corporais, são as
mais incontestáveis. Os acessos de fúria, violentos, dominam

a personagem, em diferentes peças: Arnolphe, na sua cólera incontida, chega a espatifar os vasos da lareira de Agnès (*A escola das mulheres*, v. 1160-1); o avarento Harpagon explode em cólera terrível, quando lhe é roubado seu tesouro (Monólogo do Ato IV, cena 7); o vaidoso Jourdain não lhes fica atrás quando se sente dominado pela fúria cega.

Como nos referimos, inicialmente, incrível era a mobilidade facial do Molière-ator, e esta não deixaria de exprimir não só a cólera, mas também as mutações psíquicas da personagem. O Sganarelle, valete de Dom Juan, segundo se dirige ao amo ou a uma pessoa imaginária, transforma sua expressão (Ato I, cena 2), da mesma forma que, quando faz comentários sobre o amo às camponesas percebe que é ouvido pelo próprio D. Juan, muda instantaneamente a expressão fisionômica (Ato II, cena 4). Pode-se imaginar as mudanças que se efetuariam no rosto do avarento, quando a casamenteira Frosine lhe falava da modesta e humilde jovem com quem ele pretendia casar-se e quando a mesma Frosine se referia às próprias dificuldades econômicas, pois o maior amor do velho é o dinheiro, do qual ele não quer e não pode desprender-se (Ato II, cena 5). Palavras e mobilidade facial exprimem as mudanças de sentimentos e preocupações de Orgon, quando ouve da parte de Dorine as notícias sobre Tartufo: ora a admiração, dizendo "Pobre homem!", ora a preocupação, com "E Tartufo?" (Ato I, cena 4). E, apesar de devoto, tem suas explosões, o que lhe atrai uma observação crítica de Dorine (v. 552).

Estardalhaços, estremecimentos coléricos contra os outros; mas também dirigidos contra a própria pessoa, encontramos em *O "cocu" imaginário*, quando o protagonista — diz a rubrica — *se dá socos no estômago e bofetadas para excitar-se*, uma vez que, covarde como é, não se arrisca a enfrentar o rapaz que, suspeita ele, faz a corte à sua mulher (cena 21).

E o hipocondríaco Argan revela, com a sua cólera, uma vitalidade que não condiz com o seu estado permanente de doença, como quando, por exemplo, se irrita contra Toinette, a criada desenvolta, sincera, mas sobretudo confiada.

Detenhamo-nos em *O doente imeginário*. Pintura de um caráter, esta farsa, de três atos e em prosa, se perfila ao lado das grandes peças que Molière já compusera. O hipocondríaco Argan, o avaro Harpagon, o pretensioso Jourdain, o misantropo Alceste e o hipócrita Tartufo são grandes criações molierescas; mas Argan, pelas circunstâncias especiais em que foi composto, e pela morte de Molière por ocasião da sua quarta representação, perde talvez muito de sua comicidade, para aqueles que não ignoram tais dados. Nesta peça, se de um lado temos os médicos sempre ridículos, com suas roupas, poses e formas de expressão pedantes, além de sua imbecilidade e pretensão, do outro lado temos este protagonista extraordinário: Argan, o doente imaginário, tão ou mais doente que os outros doentes chamados reais. Argan jamais pronunciaria as palavras de Molière agonizante:

Os remédios que devo tomar me dão medo; não necessito de nada para me fazer perder o que me resta de vida[13].

Se existem, em *O doente imaginário*, procedimentos farsescos freqüentes em Molière, não é menos real o espectro da morte que sobre ela paira, pois sob "a zombaria transbordante, se desenrola um lento *ballet* da doença e da morte"; é o "humor negro" molieresco[14]. "*Ballet* da doença e da

13. RAMON FERNÁNDEZ, *Molière ou l'essence du comique*, Paris, Grasset, 1979, p. 247.

14. JEAN CAZALBOU e DENISE SEVELY, Molière, précur-

morte", como há — dizemos nós — em *O médico volante*, o *ballet* da vida, com o Sganarelle esvoaçante e dinâmico.

Estrutura das peças, intrigas, personagens, a presença do enganador e do enganado, tudo aproxima as peças posteriores de *O médico volante*, assim como de *Os ciúmes do Barbouillé*. Numerosos e relevantes são os pontos de contato entre as duas primeiras farsas e as peças que se lhes seguiram, parecendo provar seu parentesco: são as duas farsas obras de Molière, um Molière jovem, mas talentoso.

Vejamos, no capítulo seguinte, o par no teatro molieresco, a partir das duas farsas em questão.

seur de la comédie sérieuse, *Europe*, novembre-décembre 1972, n. 523--524, p. 81. In *Tout sur Molière* (mai.-juin. 1961, janvier-fevrier 1966, novembre-décembre 1972).

4. O PAR NAS DUAS FARSAS

O PAR JOVEM APAIXONADO

Tartufo, *O avaro*, *O burguês fidalgo*, *As sabichonas*, *O doente imaginário* são as peças famosas de Molière, que ao mesmo tempo que nos pintam o devoto (falso e sincero), o avaro, o burguês pretensioso, as mulheres excessivamente intelectualizadas, o hipocondríaco, se encaixam no esquema habitual da comédia de intriga. Todas apresentam um problema amoroso — o parzinho jovem, cujo plano de casamento não goza do consentimento paterno (ou materno, no caso de *As sabichonas*) — que apenas será solucionado no final, e de maneira bastante inverossímil, servindo a ação para pintar em geral, um caráter, ou seja, o opositor ao ideal afetivo.

Se bem que habitual na comédia de intriga, tal esquema já se fazia presente em *O médico volante*, a primeira farsa à qual vimos nos referindo.

Vejamos a situação, esquematicamente, a partir de *O médico volante*:

Lucile ⇄ Valère ← → Gorgibus pai de Lucile prefere Villebrequin.

(Sabine, prima de Lucile
(Sganarelle, valete de Valère

No final, concorda com o casamento desejado pela filha, quando sabe que Valère é rico.

Passando às outras peças, e dispondo-as também esquematicamente, fica bem clara a continuidade da ação e os elementos que aí vão sendo acrescentados:

Em *O Tartufo*, grande comédia em cinco atos (versos):

Mariane ⇄ Valère ← → Orgon, o pai de Mariane, prefere o devoto Tartufo.

(Elmire, madrasta de Mariane
(Dorine, criada de Mariane
(Cléante, irmão de Elmire

No final, concorda com o casamento desejado pela filha, quando Tartufo é desmascarado.

Em *O avaro*, grande comédia em cinco atos (prosa):

Elise ⇄ Valère ← → Harpagon, pai de Elise prefere Anselme, o velho rico, como genro.

Mariane ⇄ Cléante ← → Harpagon, pai de Cléante, prefere uma viúva rica como nora.

(La Flèche, valete de Cléante
(Anselme, pai de Valère e de Mariane, que os "reconhece"

No final, concorda com os casamentos desejados pelos filhos, quando sabe que os futuros cônjuges são ricos, pois são filhos de Anselme.

Em *O burguês fidalgo*, em cinco atos (prosa):

Lucile ⇄ Cléonte ← → Jourdain, pai de Lucile, pretende um genro fidalgo.

(Covielle, valete de Cléonte
(Nicole, criada de Lucile
(Sra. Jourdain, mãe de Lucile

No final, concorda com o casamento desejado pela filha, quando Cléonte passa pelo filho do Grande Turco e ele próprio é elevado a "mamamouchi".

Em *As sabichonas*, grande comédia em cinco atos (versos):

Henriette ⇄ Clitandre ← → Philaminte, mãe de Henriette, prefere Trissotin, um *bel esprit*.

(Ariste, irmão de Chrysale
(Chrysale, pai de Henriette
(Martine, a criada

No final, concorda com o casamento desejado pela filha, quando Trissotin retira seu pedido de casamento, pois crê no boato que a família perdeu a fortuna.

Em *O doente imaginário*, última farsa em três atos (prosa):

Angélique ⇄ Cléante ⟷ Argan, pai de Angélique, prefere o médico Thomas, filho de médico.

(Béralde, tio de Angélique

(Toinette, criada de Angélique

No final, concorda com o casamento desejado pela filha, pois se tornará médico.

Como vemos, da primeira à última farsa, passando por algumas grandes peças que apresentam a pintura de uma obsessão que subjuga o pai ou a mãe da jovem e que egoisticamente sacrifica ou pretende sacrificar os planos de amor dos filhos, há certos nomes que retornam: Lucile, de *O médico volante*, reaparece em *O burguês fidalgo*; Mariane, de *O Tartufo*, ressurge em *O avaro*; Angélique, da farsa *Os ciúmes do Barbouillé*, é repetido na última peça molieresca. E quanto aos nomes dos pretendentes às suas mãos; Valère, de *O médico volante*, ressurge em *O Tartufo* e *O avaro*; Cléante, de *O avaro*, retorna em *O doente imaginário* e, com ligeira modificação — Cléonte —, em *O burguês fidalgo*, nome que muito se aproxima de Clitandre, de *As sabichonas*.

Sem entrarmos na qualidade da pintura do cúpido Gorgibus, em relação à de Harpagon nem da duplicação de pares casadouros em *O avaro*, mesmo porque não seria procedente tal paralelo, o que ressalta é a aproximação entre os protagonistas. Ambos gostam de dinheiro, se bem que esta inclinação é, em Harpagon, levada ao paroxismo. Além disso, o primeiro par, Lucile-Valère, conta com o apoio de uma parenta (Sabine) e do criado Sganarelle; e o seu casamento se realizará com a permissão do velho pai, pois Valère acaba de receber uma herança. Paralelamente, os pares da segunda peça se valem para a consecução dos seus fins, da ajuda de La Flèche, valete de Cléante, que, tendo roubado o tesouro do avarento, desvia-lhe a atenção; ao mesmo tempo, o reconhecimento, da parte de Anselme, de que Mariane e Valère são seus filhos, torna-os ricos e desejáveis como nora e genro. Maior elaboração — ou complicação, se considerarmos o modelo de Plauto —, mas poder-se-ia ver em *O médico volante* (sem a segunda parte que se refere ao falso médico, esvoaçando do interior para o exterior da casa, ora como valete, ora sob a roupa de médico) um embrião de *O avaro*. Parece-nos oportuno aqui transcrever a "Árvore Genealógica da Família Pantalone", à qual se filiariam Gorgibus, Harpagon e mesmo Orgon, na opinião de Duchartre[1]:

ATELANAS
Casnar e Pappus

TEATRO DE PLAUTO
Theuropide, Euclion, Demiphon, Nicobule, Demenete

COMEDIA DELL'ARTE
PANTALONE
Zanobio da Piombino, Facanappa, Il Bernadone (Palermo)
Cassandra (século XVI), Il Biscegliese (Nápoles)

Commedia Sostenuta	*Farsa Francesa*	*Teatro de Gherardi*
Colofonio, Pandolfo, Diomede, Demetrio, Coccolin, Bartolo, Gerontio	Gaultier-Garguille Jacquemin Jadot	Persillet, Brocantin, Sotinet-Geronte Gaufichon. . .

TEATRO DE MOLIÈRE
Orgon, Gorgibus, Harpagon

As demais peças, aqui transcritas sob forma esquelética, apresentam, via de regra, como adjuvantes do casalzinho apaixonado, um parente e um criado. E é notória a importância, na obra molieresca, dos criados, desses valetes e criadas saídos diretamente da farsa, mas que surgem então individualizados, deixando de ser meros fantoches.

Retomando as mesmas peças, vemos que ao lado do par ideal, vitorioso, há o par imaginado e forçado pelos pais, mas este sempre vencido, revelando o inconformismo de Molière, seu protesto contra a situação predominante na época: os filhos deviam obediência total e irrestrita aos pais, até o ponto de, se necessário, poderem ser enviados o filho à cadeia e a filha ao convento; e os casamentos impostos eram comuns, fato que Molière contesta. Assim, se a oposição entre pais e filhos pode ser entendida como uma verdadeira mola dramática, também contém um valor social de protesto, sendo que as peças baseadas nesta oposição apresentam, no final, a vitória da juventude e do amor.

Se Molière aceitasse a situação vigente na época, no que diz respeito ao casamento, poderia alterar suas intrigas e fazer com que a jovem se curvasse à imposição paterna (ou materna), isto é, Mariane aceitaria a idéia de casar-se com Tartufo, Elise com Anselme, Lucile com um fidalgo, Henriette com Trissotin, Angélique com Thomas Diafoirus. Mas desde a farsa pura até a grande comédia, tal não se dá, apesar de que é preciso lembrar que estamos no domínio das convenções, em que tudo termina bem. É óbvio, no entanto, que por estarmos no âmbito do convencional, poderia justamente haver uma reviravolta nos sentimentos e o desejo

1. PIERRE-LOUIS DUCHARTRE, *La Commedia dell'Arte*, (Paris) Ed. d'Arts et Industrie, 1955, p. 177.

dos filhos coincidir com o dos pais; mas Molière não os muda, e no final é a situação que passa de adversa a favorável: algum imprevisto mirabolante ou o êxito do plano mistificador os beneficia. É a vitória do par, da juventude.

E mister se faz aqui recordar a aventura, ou melhor, a desventura de Alceste, o misantropo que se apaixona pela frívola, sociável e insincera Célimène, da talvez mais pessimista obra molieresca, *O Misantropo*. Célimène, além de não estar apaixonada — não há, portanto, reciprocidade de sentimentos —, já é viúva, razão pela qual não se forma o par. Donde a solidão de ambos. Molière não abre mão do seu direito de tornar feliz a juventude; é, pois, à sua maneira, um espírito revolucionário.

O PAR CASADO

Ao lado, porém, dos pares jovens apaixonados, há os casados que estão, em geral, em contínua hostilidade ou mau entendimento.

Já na farsa *Os ciúmes do Barbouillé*, como sabemos, surge um par não feliz. Abre-se a peça com o cômico monólogo do marido, e suas palavras, num outro contexto, soariam diferentemente. Ouçamo-lo:

Devo confessar que sou o mais infeliz de todos os homens. Tenho uma mulher que me enraivece: em lugar de me dar alívio e de agir segundo o meu desejo, faz com que me encomende ao diabo vinte vezes por dia; em lugar de ficar em casa, gosta de passear, de comer bem e freqüenta não sei que espécie de gente. Ah! pobre Barbouillé, como você é infeliz! (...)

É essa infelicidade que o impele a solicitar o auxílio do Doutor, que passa por perto; e, porém, com sua tagarelice pedante, de nada lhe serve. Por outro lado, o retrato que dele faz a mulher, ao terceiro membro do triângulo, não é dos mais lisonjeiros: feio, devasso, bêbado.

Brigas e brigas conjugais; é bem o tema da farsa, assim como a astúcia de Angélique, que, com a ajuda da criada, convence o próprio pai de sua inocência. Aliás, Gorgibus intervém para que se restabeleça a paz, uma paz, sem dúvida, momentânea. E interessante é observar como os pais exercem, em relação às filhas já casadas, uma função oposta àquela de quando essas eram ainda solteiras: antes, prepotentes e até mesmo inimigos; agora, conciliadores, sempre apoiando a filha contra o genro, independentemente do exame do caso a fim de apurar responsabilidades. E isso que há o problema do *cocuage*... É bem verdade, porém, que à farsa cabe provocar o riso, não havendo nenhuma preocupação moralizadora.

Vejamos, esquematicamente, *Os ciúmes do Barbouillé* e, em seguida, em ordem cronológica, outras farsas em que, como é usual, surgem problemas conjugais:

Barbouillé ⟷ Angélique [Gorgibus, o pai / Cathau, a criada]
↕
Valère, seu rival

Em *Sganarelle* ou *O "cocu" imaginário*, farsa em um ato (versos):

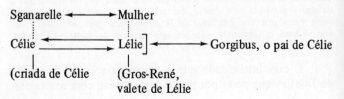

Em *O casamento forçado*, em um ato (prosa), embora o casamento ainda não tenha se realizado, há prenúncios de desentendimentos, como Sganarelle prevê, sem poder romper o compromisso:

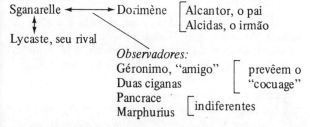

Em *O médico à força*, farsa em três atos (prosa):

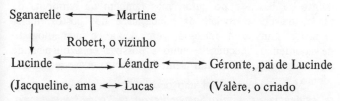

Em *George Dandin* ou *O marido confundido*, farsa em três atos (prosa):

George Dandin ⟷ Angélique ⎡ Sr. de Sotenville, o pai
↕   ⎢ Sra. de Sotenville, a mãe
Clitandre, seu rival   ⎣ Claudine, a criada
(Lubin, o criado

Entre todos os casais reinam, para usarmos as palavras do Doutor, no final de *Os ciúmes do Barbouillé:* "Sempre barulho, desordem, dissensão, brigas, debates, desavenças, combustões, eternas alterações", sendo que, o mesmo pode ser previsto para Sganarelle e Dorimène, às vésperas do casamento. É como se Molière apenas visse os ridículos e a infelicidade nos mais idosos, isolando e preservando os jovens contra os males que atormentam os outros; os velhos, estes sim, são objeto de riso.

Em *O casamento forçado*, o que ressalta é a falta de reciprocidade do amor, pois Dorimène apenas aceita o casamento para ver-se livre da autoridade paterna, e se o jovem Lycaste fosse rico, ele seria o preferido e não o velho Sganarelle. Já em *George Dandin*, nem existe amor unilateral; porém, interesses outros de parte de cada cônjuge, ou melhor, Angélique foi casada pelos pais, com o velho, rústico mas rico camponês, que, por sua vez apenas aspirava à ascensão social. Seria como se Molière pregasse a necessidade de que o casamento se baseasse no amor, mas também na harmonia da idade, da classe social, da educação e dos gostos, idéias expostas num tom farsesco, sem deixar o comediógrafo de apontar o "cocuage" como a possível conseqüência de um matrimônio efetuado sem atender a esses requisitos.

Mesmo quando tal não ocorre, subjaz a dúvida, como se evidencia no título *Sganarelle ou O "cocu" imaginário*. Trata-se de tema que pertence, como diz Léon Thoorens, "a uma tradição gaulesa que data dos *fabliaux*, que prossegue através de todo o teatro francês", e que será retomado, freqüentemente, pelo próprio Molière, no seu argumento essencial:

> O medo da infidelidade que, no contexto social francês, ridiculariza a vítima e não o culpado ou a culpada; a certeza, que pode tornar-se doentia, de que essa desgraça é mais ou menos inevitável[2].

2. L. THOORENS, *op. cit.*, p. 117.

No entanto, construiu Molière sua peça, em cima de um *canevas* italiano: *Il Ritrato ou Arlechino cornuto per opinione*, representado talvez por seu grupo, durante os anos de andanças pelo interior.

De tom farsesco e com uma "intenção paródica", tal peça cujo protagonista sofre, sem razão, da doença do *cocuage*, dá "sem dúvida, a chave de muitas peças da época", pois retoma o assunto das falsas aparências, tratado de maneira séria[3].

Em todas essas peças, porém, encontramos ilustradas, comicamente, a desinteligência e as más relações entre os esposos, como se a compreensão e a paz fossem impossíveis na vida conjugal, característica que fez não poucos críticos nela ver uma projeção dos problemas particulares do Molière não jovem, casado com Armande, a irmã mais moça de Madeleine Béjart, sua companheira de longos anos. Mas, deixando de lado esse tipo de conjetura, parece-nos oportuno lembrar o casal constituído pelo burguês, que pretende ser fidalgo, e sua mulher, a Sra. Jourdain. Apesar de terem aproximadamente a mesma idade, a mesma origem burguesa e toda uma vida juntos, nem assim se compreendem ou toleram; separam-nos o temperamento e a concepção de vida: ele, sonhando ser fidalgo, a todo custo, e agindo ridiculamente para realizar seu sonho; e ela, sem aspirações que ultrapassem seu dia a dia, contente com o que possui. É o antagonismo, irreconciliável, desta peça que representada graficamente, nos mostra tanto o par casado (velho) como o par apaixonado (jovem):

3. A. ADAM, *op. cit.*, p. 266.

Sra. Jourdain, mãe de ←————→ Sr. Jourdain, pai de
Lucile, quer para a   Lucile, prefere um
filha um casamento   genro fidalgo.
que a faça feliz

Lucile ←————→ Cléonte

(Covielle, valete de Cléonte   Concorda com o casamen-
(Nicole, criada de Lucile   to de Lucile com Cléonte,
                                                     quando este passa por no-
                                                     bre turco.

Aos jovens apaixonados, cujo enlace se realiza sempre, se opõe o velho par casado, mas não unido, seja no plano sentimental, seja no dos interesses, pois tudo os separa. A mania de nobreza chega a levar Jourdain à infidelidade, visto que se apega à Marquesa Dorimène que nele vê apenas o novo-rico, fonte de presentes caros.

Este entrelaçamento de *par jovem-apaixonado* – é o elemento romanesco que não poderia faltar, se bem que críticos vários discordem a respeito de seu significado[4] – com *par velho-antagônico* é bem visível em *O médico à força*, que assim se apresenta: de um lado, Sganarelle desentendendo-se com a mulher, com as recíprocas recriminações;

---

4. P.-L. DUCHARTRE, tratando da "Commedia dell'Arte", diz que os apaixonados eram sempre um pouco ridículos. Esta opinião é contestada pelo estudioso GUSTAVE ATTINGER, *op. cit.*, p. 56. Diz ele que compartilha da opinião de Mic "que afirma que se a literatura dos apaixonados nos parece uma parodia, 'em sua época, era levada a sério e admirada como a expressão de um extremo refinamento de pensamento e de linguagem' e que 'aos olhos dos contemporâneos, o emprego dos apaixonados era grave'."

do outro, Sganarelle ajudando o par jovem apaixonado — Lucinde-Léandre — contra a oposição de Géronte, o velho pai da moça. O Sganarelle enfeixador de lenha "médico", que ampara os jovens, descende, sem dúvida, do valete Sganarelle, de *O médico volante*, que propicia a aproximação do amo com Lucile; não deixa, no entanto, de descender também, em certa medida, do Barbouillé de *Os ciúmes do Barbouillé* — em certa medida, porque se não é ciumento, é bêbado, debochado, vagabundo, defeitos apontados tanto por Martine, como por Angélique, no começo de ambas as peças.

Sem considerarmos as fontes de *O médico à força* (o "fabliau" *Le vilain mire* para "a primeira história" e o *Pantagruel* de Rabelais, Livro III, cap. XXXV, para "a segunda história") que enriqueceram a farsa, tornando-a uma obra-prima do gênero, é evidente — parece-nos — a associação que nela se dá das duas primeiras farsas atribuídas a Molière: *Os ciúmes do Barbouillé* (na parte das cômicas desavenças matrimoniais) e *O médico volante* (na parte da ação de Sganarelle como beneficiador dos jovens). É como se Molière, além do emprego de novos elementos (novos, mas também velhos) tivesse querido retornar às suas peças escritas (ou rabiscadas às pressas), durante sua vida pelo interior da França, com a companhia ambulante que se tornaria famosa, tendo-o como chefe — o autor-ator Molière.

O PAR DE CRIADOS

Este capítulo dedicado ao *par* seria incompleto se não recordasse *o par de criados* que aparece às vezes, paralelamente ao par de amos apaixonados. Jovens como os primeiros, gozam dos mesmos direitos ao amor; é o que parece dizer

Molière, pondo-os lado a lado, se bem que abaixe o nível da expressão de seus sentimentos: apaixonados, porém não refinados; afinal, são criados e mesmo que experimentem idêntico sentimento, o exprimem diferentemente, numa gama inferior. Tal característica, além de conferir-lhes mais humanidade, serve para estabelecer o contraste entre os pares — contraste de efeito cômico, realçado pelos gestos.

Ora, tal par não aparece nas duas farsas embrião: em *Os ciúmes do Barbouillé*, Cathau está só e apenas participa da contenda familiar, apoiando a pérfida Angélique; em *O médico volante*, tanto Sganarelle como Gros-René também estão sós. Não vêm, pois, acompanhados de companheiros e companheiras.

É bem verdade que Cathau, no seu empenho em defender a ama, como que se identifica com ela; e faz prever que, se casada, procederia exatamente igual à outra. Dir-se-ia que Molière, ainda que não explicitamente, já anunciava a chegada do par de criados; pressentia talvez a importância desse veio que poderia ser explorado, com grande efeito cômico. E é o que faz, em certas comédias.

Numa rápida incursão pelo teatro molieresco, vejamos, cronologicamente, qual o primeiro importante par-criados. Trata-se, sem dúvida, do velho casal Alain e Georgette, de *A escola das mulheres*, de 1662. Este par, casado, trabalha para Arnolphe; serve de carcereiro de Agnès, sua pupila, pois Arnolphe, pretendendo garantir a própria felicidade conjugal, e sempre temeroso do "cocuage", julga que deve "preparar" a futura esposa. Daí condená-la à solidão e à ignorância.

Os rústicos Alain e Georgette muito se assemelham, com sua imbecilidade e preguiça. Ao surgirem na peça, à cena 2 do Ato I, já acusam sua lentidão física e mental, além de falta de harmonia: não atendem ao amo que bate à porta, e um empurra ao outro "o serviço" de recebê-lo. Transcrevamos apenas o início da cena, sem a preocupação de distribuir as réplicas em versos:

> – Georgette?
> – Que?
> – Abra a porta.
> – Vá você.
> – Por Deus, não vou.
> – Eu também não.
> Arnolphe – Bela cerimônia! Deixar-me fora! Olá, eu lhes peço.
> – Quem bate?
> Arnolphe – Seu patrão.
> – Alain!
> – Que?
> – É o patrão. Abra depressa.
> – Abra você.
> – Eu sopro nosso fogo.
> – Eu evito, por medo do gato, que meu pardal saía.

Mas, se Arnolphe ameaça com o corte de alimentos, no caso de não abrirem a porta, ambos se precipitam para abri-la:

> – Por que ir, se eu já estou correndo?
> – Por que você e não eu? Brilhante estratagema!
> – Saia daí.
> – Não, saia você.
> – Eu quero abrir a porta.
> – E eu, eu quero abri-la.
> – Você não a abrirá.
> – Nem você, também.
> – Nem você.

E a luta continua, da mesma forma que antes discutiam para não abrir a porta; tudo isso, enquanto o impaciente Arnolphe explode, colericamente.

Apesar de todas as recomendações do amo para que a pupila permaneça isolada, não impedem a comunicação de Horace com Agnès, que acabam se apaixonando. São semelhantes, mas também dessemelhantes, numa certa medida: Georgette é mais esperta que o marido; às perguntas insistentes de Arnolphe sobre se Agnès ficou ou não triste após sua partida, a criada inventa a reação da jovem à espera do breve retorno do tutor, pois pressente que tal resposta agradará o amo (Ato I, cena 2).

O criado está, pois, desdobrado no par: o marido e a mulher que "ajudam" Arnolphe a defender sua presa, Agnès, que não é tão inocente quanto sugere o nome...

Os criados Alain e Georgette constituem um cômico par casado; mas existe ainda o par-solteiro jovem apaixonado, réplica do dos amos, encontrável em *O burguês fidalgo*. Na cena 10 do Ato III, surgem dois pares que, num verdadeiro "ballet" verbal e gestual, alternam suas discussões. Exprimem-se, simetricamente, paralelamente, numa curiosa cena de "despeito amoroso". (É este, como se sabe, o título de uma das primeiras peças de Molière, imitada de uma comédia italiana: *Interesse*, de Secchi). Lucille e Cléonte têm como reflexo seus criados Nicole e Covielle, numa cena que começa com a rusga dos namorados e que finaliza com a reconciliação, passando por momentos em que o desentendimento vai gradativamente diminuindo. Num nível mais popular, embora com equivalência de sentimentos, discutem os quatro. Citemos em parte o diálogo, que se desenvolve num ritmo rápido:

Lucile — Que foi, Cléonte. Que tem o senhor?
Nicole — Que tem você, Covielle?
Lucile — Que pesar se apossa do senhor?
Nicole — Que mau humor te domina?

Lucile — · O senhor está mudo, Cléonte?
Nicole — Você perdeu a língua, Covielle?

Ambos, mudos, não respondem às perguntas. Porém se o amo responde, o criado o segue, estabelecendo-se o diálogo no mesmo ritmo, geralmente, e, sobretudo, no mesmo nível:

Cléonte — Que infâmia!
Covielle — Que judas!
Cléonte — Não, não quero escutar nada.
Nicole — Eu quero dizer a causa que fez a gente passar tão depressa.
Covielle — Eu não quero ouvir nada.
Lucile — Saiba que essa manhã. . .
Cléonte — Não, eu lhe digo.
Nicole — Sabe que. . .
Covielle — Não, traidóra.
Lucile — Escute.
Cléonte — Nada disso.
Nicole — Deixa-me dizer.
Covielle — Sou surdo.
Lucile — Cléonte.
Cléonte — Não.
Nicole — Covielle.
Covielle — Nada.
Lucile — Espere.
Cléonte — Mentiras.
Nicole — Escuta.
Covielle — Lorotas.

Como vemos, réplicas paralelas, alternando patrões e criados, todos levados pelos mesmos sentimentos.

Mas, digno de menção parece-nos ainda *o par em formação* que aparece em *George Dandin*: Claudine, astuta e independente, com Lubin, seu reverso. Se bem que Lubin seja valete de Clitandre, faz com a criada o fundo ao par de patrões — Angélique e George Dandin. E tudo conduz à suspeita de que, casados, seriam, com as devidas ressalvas, uma cópia dos amos; ela, enganando; e ele, enganado. Considerando esta peça como o desenvolvimento de *Os ciúmes do Barbouillé*, com a ainda solitária Cathau, mas que, com seu comportamento, promete seguir as pegadas da ama, a conclusão lógica é: o par de criados — não apaixonados — já existia naquela primeira farsa, mas ainda em estado larvário.

Sem, no entanto, enveredarmos pelo caminho das hipóteses, e atendo-nos a exemplos concretos, podemos afirmar: já havia, em *Os ciúmes do Barbouillé*, o par casado em eterna disputa; e, em *O médico volante*, o par jovem-apaixonado em luta pela consecução do seu ideal, prefigurando ambas as peças uma série de obras molierescas que apresenta o casal e seus problemas — uma constante em Molière.

5. PERSONAGENS CÔMICAS NAS DUAS FARSAS E SUAS RAMIFICAÇÕES

CRIADOS

Sem pretendermos aqui esmiuçar o cômico e suas técnicas, nem filosofar sobre a arte cômica molieresca, vejamos as personagens que despertam o riso, a partir das duas farsas que vêm merecendo nossa atenção.

Sabido é que aos criados, rústicos ou mais polidos, espertos ou broncos, sinceros ou fingidos, em diferentes graus, cabe em grande parte a função de fazer rir, o que não os dispensa, muitas vezes, de uma forte dose de bom senso, em detrimento dos patrões, portadores de fraquezas e obsessões. Esses domésticos que têm servido de motivo a tantos e curiosos estudos, quer quanto às categorias sociais, quer quanto às funções dramatúrgicas[1], formam realmente uma curiosa galeria. E, desde *Os ciúmes do Barbouillé* e *O médico volante* se fazem eles presentes.

1. JEAN EMELINA, *Les Valets et les Servantes dans le Théâtre Comique en France de 1610 à 1700*, Grenoble, P.U.G., 1975.

Na primeira, ao lado de Angélique e apoiando-a contra o rústico Barbouillé, está Cathau, que, na relação dos "atores" (em lugar de "personagens", segundo o uso habitual do século XVII), aparece como *suivante*. Como nos explica o Dicionário Littré, *suivante* é "uma senhorita agregada ao serviço de uma grande dama", pertencendo, pois, pelo menos originalmente, ao pessoal que "acompanha" e não "serve" senhoras da alta sociedade; verdade é que o termo *suivante* perdeu, com o correr do século, muito de sua dignidade inicial e Cathau, bem como Angélique a quem ela está agregada, nada têm que lhes confira distinção.

Cathau, seguindo o exemplo da ama, escarnece do Barbouillé; detesta-o e ajuda os desvios de Angélique, menos talvez por perversidade que por solidariedade feminina. É a mulher na luta contra o homem, freqüente na farsa medieval, mas que, sob muitos aspectos, não desapareceu.

Sem nenhum respeito a Barbouillé, ao vê-lo aproximar-se, anuncia-o sob o nome de "azarento", participando da disputa entre marido e mulher, identificando-se enfim com a ama, mediante o *nos*:

Ah! lá vem ele; eu me espantava que nos tivesse deixado em sossego tanto tempo.

Se Barbouillé ofende a ambas, equiparando-as e colocando-se ao nível de criada:

Você, Cathau, está corrompendo minha mulher: desde que você a serve, ela já não vale a metade do que valia,

ela, desenfadadamente, responde:

Ora, pois sim. Quem vai acreditar nessa? (cena 4)

passando depois, perto de Gorgibus, a maldizer tal casamento:

Maldita a hora em que a senhora escolheu este sovina!. . .
(cena 5)

Desenvolta, sem colocar-se em seu lugar — aliás, a tais amos, tal criada! —, é Cathau, na carreira de Molière, o embrião de tantas outras *suivantes* e *servantes*, que não têm papas na língua, dizendo as verdades aos amos, na medida em que se sentem membros da família.

Comparando Cathau· à sua equivalente em *George Dandin*, isto é, a Claudine, ressaltam as semelhanças, mas também a mais completa caracterização da segunda, criada irreverente, confiada e, sobretudo, astuta e mentirosa. Apóia as mentiras de Angélique e, sem nenhum respeito ao amo e fazendo até mesmo omissão de sua pessoa, incita Clitandre a cortejar a ama, oferendo-lhe seus préstimos neste sentido:

> Palavra de honra! Ele bem mereceria que fosse verdade o que está dizendo; e se eu estivesse em seu lugar (de Clitandre), eu não hesitaria. Sim, senhor, o senhor deve, para puni-lo, cortejar minha ama. Insista, é o que lhe digo, será bem empregado; e eu me ofereço para servi-lo, já que ele me acusou (de entregar cartas secretas).

(Ato I, cena 6)

Interesseira, visa a recompensas, no momento e no futuro; e assim como é hábil em mentir para ajudar Angélique e Clitandre, também o é, quando conduz ´o inocente Lubin, criado do rival de Dandin, a confiar totalmente nela; domina-o, dele obtendo a promessa de liberdade total, quando se casarem.

Mas Cathau, com seu desenfado e desrespeito, prefigura outras criadas, embora não estejam envolvidas em tramas de *cocuage*: a inteligente e arguta Dorine, de *O Tartufo*; a risonha mas rude Nicole, de *O burguês fidalgo*;

a rústica e simples Martine, de *As sabichonas*; e a astuta e viva Toinette de *O doente imaginário*, todas formam uma galeria plena de vida, e de verdade humana, sem no entanto deixarem de contribuir com o elemento cômico. Opondo-se aos amos dominados de tal maneira por manias que chegam a perder o bom senso e o equilíbrio — no que também são cômicos —, essas criadas, embora saídas diretamente da farsa, têm muito de humano.

Inconformada com a atitude de Orgon (que, pretendendo cegamente alcançar o paraíso, acolhe Tartufo na própria casa, ouve-lhe as lições e não hesita em doar-lhe não só a fortuna mas também a mão da filha), e considerando-se membro da família, é Dorine tão confiada e desenvolta como Cathau. Só que, quando enfrenta Orgon ou responde à Sra. Pernelle, ou ainda ataca Tartufo, sem medir as distâncias exigidas numa criada, ela o faz desinteressadamente, visando à felicidade de Mariane e Valère; e quando zomba de Orgon, seu fito é divertir-se e não espezinhá-lo. Introduz-se na conversa entre pai e filha, cujo assunto é o casamento desta com Tartufo; interrompe o amo várias vezes, irrita-o, fazendo-o perder o controle e dirigir-lhe uma bofetada que não a alcança, em cena que seria pura farsa, não fosse a pintura de um devoto que, confiantemente, se deixa levar por um hipócrita (Ato II, cena 2). E é com a mesma desenvoltura que procura despertar a revolta de Mariane contra o casamento com Tartufo, pintando-lhe a vida que a espera ao lado dele, bem como seu retrato físico e moral (Ato II, cena 3). Mas o que a aproxima de Cathau é o fato de pôr-se, declaradamente, ao lado da jovem, e de atacar o patrão (e, conseqüentemente, o amigo Tartufo que é o responsável pelas suas decisões). Sem medir palavras e atitudes, no seu desejo de amparar Mariane contra o pai, bem merece o comentário da Sra. Pernelle, mãe de Orgon:

> Você é, querida, uma criada
> De goela um tanto forte demais, e muito impertinente.

> (Ato I, cena 1)

Ora, tal comentário é extensivo a outras criadas.

Nicole, de *O burguês fidalgo*, aparece na apresentação da peça como *servante*, isto é, "mulher ou moça que é empregada nos trabalhos domésticos de uma casa" (Littré), o que significa estar ela "na segunda categoria dos domésticos femininos da comédia"[2]. Nicole é, realmente, a empregada de um burguês, rico, mas não fidalgo, embora pretenda sê-lo[3].

Esta criada tem um papel menor que o de Dorine, pois aparece apenas no Ato III, mas não participando de todas as cenas. Sem a vivacidade e a inteligência de Dorine ou a energia de Cathau, é no entanto amiga da ama e da filha; e, sem ser inimiga do amo, dele ri com a maior simplicidade, ao vê-lo trajado segundo a moda do tempo. A cada ordem que recebe, às repreensões de Jourdain, ri sem poder conter-se; e repreensões e desculpas acompanhadas de risos ocupam toda a cena 2, do Ato III. Simplória, pede-lhe a permissão para rir à vontade; e só se contém, ou melhor, muda de humor, ao saber que virão visitas e, com isso, maior desordem e maior trabalho.

2. J. EMELINA, *op. cit.*, p. 56.
3. É bem verdade que estas distinções não foram bem mantidas por Molière, pois em *Os ciúmes do Barbouillé* aparece Cathau como *suivante* e não como *servante*, como seria de esperar-se.

Se não tem o espírito de iniciativa e o ímpeto belicoso das duas outras, une-se no entanto à ama para criticar o burguês com pretensões a fidalgo. Solidária à Sra. Jourdain e crítica em relação ao Sr. Jourdain, continua Nicole na linha de criadas que têm Cathau como chefe, embora sem a sua perversidade. Falta-lhe o espírito alerta e a expressão rápida das outras; no início, limita-se a rir, e depois, a repetir as palavras da ama (Ato III, cena 3), como também a ouvir as conversas do amo com Dorante, com a intenção de informar a Sra. Jourdain, fato que lhe atrai uma bofetada do primeiro. Dependente da dona da casa, também o é de Lucile, seguindo-lhe as pedagas da cena 10 do Ato III, em que há dois pares apaixonados: Lucile e Cléonte, e Nicole e Covielle. Réplica das amas, apóia-as; e por elas é apoiada, solidarizando-se, sem perversidade, no combate contra a mania do Sr. Jourdain.

Já Martine, de *As sabichonas*, é uma simples *servante de cuisine*; portanto, inferior a Dorine. E, como observa Jean Emelina,

um exame do estilo confirmaria a inferioridade das *servantes*. Os provincianismos e as incorreções de Nicole ou Martine não seriam jamais encontrados nas *suivantes*[4].

Ora, Martine não se une à ama, a pedante Philaminte; ao contrário, ao ser despedida por ela, aproxima-se ainda mais do amo, o despretensioso Chrysale. Diferente, pois, de Cathau e das outras que, numa certa medida, lhe seguem os passos, a analfabeta Martine se inclina para o lado masculino; a este não lhe importam os erros de gramática, os solecismos da empregada... (Ato II, cenas 5 e 6). E ao reaparecer na

4. J. EMELINA, *op. cit.*, p. 57.

penúltima cena da peça, que trata do casamento de Henriette, coloca-se abertamente a favor do amo; se este quer que a filha se case com Clitandre, Philaminte não deve preferir Trissotin, diz ela, citando comicamente o provérbio: "a galinha nunca deve cantar diante do galo", e enumerando o que ela, Martine, faria se tivesse um marido. A sua falta de instrução é compensada pelo bom senso que lhe diz que Chrysale tem razão na escolha de marido para a filha. Assim, quando se une a Chrysale e não a Philaminte, ela está solidarizando-se, em última análise, também com a jovem Henriette.

Amiga da jovem, e tornando-se sua defensora, sem respeitar a privacidade familiar e a solenidade do momento — o da assinatura do contrato de casamento —, pode Martine perfilar-se ao lado dessas criadas que, espontâneas, abusam do direito de participar da vida dos amos. Nada a constrange, nem mesmo a presença da "sabichona" Philaminte que está sempre alerta à sua expressão defeituosa; preocupa-se com Henriette, e esta depende de Chrysale. Donde a ajuda a este último; aliás, está a seu lado, desde o início, no que parece contrariar a atitude das outras criadas. Mas, via de regra, as criadas das peças que não envolvem o "cocuage" se colocam contra os maníacos — o devoto crédulo, o burguês pretensioso, a intelectual pedante, ou o doente imaginário —, personagens que, visando à satisfação das próprias aspirações, não hesitam em sacrificar o interesse dos filhos.

É assim que, Toinette, de *O doente imaginário*, personificação da astúcia e vivacidade, tanto quando Dorine, provoca o riso, com suas atitudes desaforadas em relação a Argan, o doente apenas na imaginação. Quando ela, para interromper as ofensas do "doente" que se sente abandonado, começa a lamentar-se, havendo a alternância de ofensas e fingidas queixas, tal diálogo constitui uma cena altamente cômica 101

(Ato I, cena 2). De igual para igual, sem respeitar a distância entre ambos, de um lado zomba do patrão; e do outro, ouve, maternalmente, as confidências amorosas de Angélique. Amiga da filha do amo, protege-a e se dispõe a ajudá-la, não titubeando em opor-se ao velho, fato que lhe vale a perseguição e a ameaça de bastonadas (Ato I, cena 5).

Como bem viu Marcel Gutwirth, "Toinette, ao humor alegre de Nicole junta o instinto de combate de Dorine"[5], vencendo Argan em vários duelos. Ora, o deixa cair esgotado na poltrona, após fazê-lo correr em sua perseguição (Ato I, cena 5); ora, lhe coloca rudemente um travesseiro sobre a cabeça, parodiando os carinhosos gestos da fingida Béline, segunda mulher do protagonista (Ato I, cena 6); ora, disfarçada de médico, procede a uma risível consulta, chegando a um cômico diagnóstico (Ato III, cena 10). E, para culminar essa atitude hostil, oposta à proteção a Angélique, imagina a cena de morte simulada de Argan, com o que desmascara Béline (Ato III, cena 2) e consegue a autorização do casamento da jovem (Ato III, cena 14).

Dorine, Nicole, Martine, Toinette — são as criadas leais, devotadas, que não pensam senão em contribuir para a concretização do ideal da jovem apaixonada. Cathau, Claudine — são as criadas que, à sua maneira, também ajudam suas amas, inflamando-se todas contra os que tentam prejudicar a desejada marcha dos acontecimentos. Enérgicas ou débeis; engenhosas e vivas ou mais apáticas; altruístas ou interesseiras, todas apoiam sempre as amas que servem (*servantes*) ou acompanham (*suivantes*). Sem entrarmos na questão da moralidade da causa que apóiam — casamento ou *cocuage* —

---

5. M. GUTWIRTH, *op. cit.*, p. 58.

o que sobressai é a participação total na vida da família, sem a menor suspeita de fronteiras — uma participação cômica.

Os criados homens também despertam a hilaridade, e isto desde *O médico volante*, em que o valete e o médico — dois tipos tradicionais — aqui se unem, para só reaparecerem separados. O Sganarelle desta primeira farsa é, para nós, uma figura importante, prefigurando não apenas engenhosos valetes, mas também charlatães e médicos que povoam a obra molieresca, com seu cômico pedantismo. Valete que, no início, é caracterizado pelo amo como "um boboca que estragará tudo", depois se mostra engenhoso, favorecendo-lhe o plano, cujo fim é o matrimônio. Um Sganarelle ainda novato, obtido com traços relativamente rápidos; nele se associam, porém, o criado bobalhão-esperto com o médico improvisado ou charlatão, alvo este último da veia satírica de Molière, cada vez mais aguçada no correr de sua não longa ainda que brilhante carreira teatral. O esperto La Flèche que prega uma dolorosa peça em Harpagon; o *fourbe* Scapin, com suas manhas e artimanhas; e outros mais, não têm à frente Sganarelle? Não são muitos liderados por esse criado

repleto de animação, fértil em invenção, apto a travestir-se e a diversificar seu papel com um duplo prazer, de ator e de encenador e, além do mais, roçado por alguma cultura pois, sem saber escrever, alega Hipócrates e Galeno?[6]

Dotado de inventividade ímpar, não poupa recursos, muitas vezes grosseiros, bem típicos da farsa, para provocar o riso, como quando bebe a urina de Lucinde para melhor diagnosticar e exige ainda maior quantidade do material em

6. R. JASINSKI, *Molière*, Paris, Hatier, 1969, p. 24. Mas segue, em parte — notamos nós — a orientação do amo.

"análise", sob a alegação de que não é um médico habitual, isto é, um daqueles que "se contentam com olhar a doente" (cena 4). Tanto quanto Mascarille, é um reflexo dos espertalhões da comédia italiana, que têm suas raízes mais longínquas, segundo Duchartre[7]. Para este autor, ambas as personagens se encontram na "Árvore Genealógica de Brighella":

TEATRO GREGO E ROMANO
Pseudolle e os escravos?
O mimus centaculus romano

Brighella (Fim do século XVI?)

Irmãos de Brighella	*(Século XVII) Comédia Francesa*
Beltrame, Gradelino	Sganarelle
Scapin, Truccagnino	Mascarille
Mezzettino, Finocchio	La Montaigne
Flautino, Bagatino	Frontin
Sbrigani (variante do nome de Brighella, ou algumas vezes seu pólo moral oposto)	Labranche
Pascariele	

Derivados italianos e franceses	*(Século XVIII) – Teatro de Marivaux*
Narcisino (século XVII)	Fígaro
Turlupin, Gandolin (1590)	
Gratelard (1620)	

Evoquemos o Mascarille de *O Aturdido* e de *As preciosas ridículas*, com sua veia cômica faiscante, com sua alegria e dinamismo, e perceberemos os vínculos entre ambos. Se depois — como já dissemos —, o Sganarelle-Mascarille dá lugar ao Sganarelle não-valete, oposto ao anterior, com a sua opa-

104   7. P.-L. DUCHARTRE, *op. cit.*, p. 151.

cidade e imbecilidade (excetuando-se "o médico a força") nem assim deixa de ser cômico — é outro tipo de expressão cômica, tão válido quanto o outro[8].

Orientado pelo amo, trajando a roupa de médico e com seu diploma nas mãos, isto é, o dinheiro, apresenta-se "o médico volante" a Gorgibus. "Citando" Hipócrates e Galeno, enquanto expele suas asneiras — "uma pessoa não está bem quando está doente" —; intitulando-se "o maior, o mais eficiente e o mais douto médico da faculdade vegetal, sensitiva e mineral"; empregando frases ou expressões em árabe, francês, italiano, espanhol ou latim, sem nenhum vínculo ou transição entre elas; auscultando o pai em lugar da filha; bebendo a urina da enferma, pois é ele "um médico fora do comum", e exigindo maior quantidade do líquido, é Sganarelle uma personagem farsesca (cena 4). Não poupa os grosseiros procedimentos da farsa, classificando suas ações como "maravilhas sobre maravilhas" (cena 10); afinal, sai vitorioso como mistificador de Gorgibus e propicia o encontro do amo com a jovem. E, sem esgotar suas habilidades histriônicas, à chegada de Gorgibus, ei-lo transformando-se no irmão gêmeo do médico, e representando os dois papéis até o final, quando, desmascarado por Gros-René (o gordo Renato ou Renatão, valete de Gorgibus, que não é tão tolo quanto parece) retorna ao seu papel inicial — o valete Sganarelle.

O bobo revela-se, pois, não só mais esperto que imbecil, como, principalmente, o mais engenhoso e vivo de todos. E, sob outro nome, reaparece em *O aturdido* (é o Mascarille, valete de Lélie, com sua inesgotável criatividade sempre prejudicada pelo amo desajeitado) e em *As preciosas ridículas* (é também o Mascarille que, com suas poses e palavras,

8. J. M. PELOUS, *op. cit.*, pp. 821-49.

se faz passar por nobre, enganando as frívolas mas ingênuas preciosas provincianas), duas peças em que a comicidade é alimentada, em grande parte, pela presença do dinâmico e imaginoso criado.

Paralelamente às criadas, existe toda uma série de criados, diferençados uns dos outros, se bem que certas constantes os aproximem, muitas vezes, do primeiro Sganarelle. Em muitas peças molierescas, a unidade da ação é conseguida graças à presença do criado — cúmplice dos amores do amo e que se coloca contra o velho ou o ciumento: Sbrigani, de *O Sr. de Pourceaugnac* e Scapin, de *As artimanhas de Scapin* são alguns desses valetes. Espertos e, não raras vezes, inescrupulosos, disfarçam-se, e não sentem pruridos quando roubam do amo; em seu "trabalho", são impelidos tanto pelo espírito aventureiro como por uma espécie de necessidade de provar-se (ou de provar aos amos) sua superioridade. É bem o caso de Scapin, valete de Léandre, que surge no começo da peça, à cena 2, jactando-se de seu talento:

> Para dizer a verdade, há poucas coisas que me são impossíveis, quando eu quero nelas me meter. Sem dúvida, recebi do céu um talento belíssimo para toda espécie destas gentilezas de espírito, destas espertezas engenhosas às quais o vulgo ignorante dá o nome de velhacarias (. . .)

De fato, consegue enganar Argante, velho pai de Octave, com belas palavras (Ato I, cena 3); tenta extorquir dinheiro não só desse velho, como também de Géronte, pai de seu amo (Ato I, cena 6). Se este resiste, ele força a situação, com o auxílio do valete de Octave — Silvestre, disfarçado de mata-mouros, apavora o velho, anulando-lhe a resistência (Ato II, cena 7). Com suas complicações, que são beneficiadas pelos "reconhecimentos", ajuda os jovens e as respectivas amadas; mas para evitar castigos, sua imaginação é fértil, e ei-lo que se apresenta, no final, como ferido, com a cabeça toda enfaixada, angariando a simpatia e, conseqüentemente, o desejado perdão.

Quanto aos pormenores, estes o caracterizam como um grandíssimo velhaco; é, pois, diferente do "valete-médico". Aliás, na apresentação das personagens, Molière o designa: "valete de Léandre, velhaco". Mas, quanto à esperteza, em geral, assemelham-se. E isto pode ser aplicado também a Sbrigani, há pouco citado, e à sua comparsa, Nérine. Apesar de que este é apresentado, na lista de personagens da peça, como "homem de intriga", e ela como "mulher de intriga", isto é, "intrigante", são considerados criados, pois como nota Jean Emelina, tendo "a mesma origem que Scapin, (têm) o mesmo papel"[9]. Estando a serviço de Eraste, apaixonado de Julie, tudo faz para desbaratar os planos do pai da moça no sentido de fazê-la casar-se com o Sr. de Pourceaugnac; comicamente, dirige os golpes contra o noivo escolhido, tornando-lhe insuportável a vida em Paris. As torturas, cômicas, a que é submetido o provinciano Porceaugnac, o levam a fugir de tudo; afinal, fora tratado como louco, num acentuado clima farsesco, cujo resultado é o riso do leitor ou espectador.

É inegável que no primeiro valete – o Sganarelle, médico volante – faltam a malícia e a maldade que, nessa última peça, prejudicam o obstáculo ao casamento do par apaixonado; Sganarelle é mais ingênuo, e puro. Mas é também inegável a sua semelhança, se pensarmos em termos de posição pró-jovens, quaisquer que sejam os móveis dessa tomada de posição e as formas de ação; sobretudo porque, no final das contas, irrompe o riso, irresistível, envoltos como estão todos numa atmosfera de farsa, se bem que de variada intensidade.

9. J. EMELINA, *op. cit.*, p. 54.

Se um Du Bois, com sua simploriedade, dá uma nota farsesca a *O misantropo*, sem no entanto participar de nenhuma forma da vida particular de seu amo, mesmo porque Alceste corteja uma viúva que não tem nenhum pai autoritário que a impeça de dispor de sua liberdade; se um La Flèche (valete de Cléante) e um Maître Macques (cozinheiro e cocheiro) acentuam o clima farsesco de *O avaro*, mas servem sobretudo para pintar a avareza de Harpagon, não influindo diretamente sobre os parzinhos apaixonados; e se o poltrão Sosie, bufonamente apoia o amo, em *Anfitrião*, distando estes criados do primeiro valete, Sganarelle, tal dessemelhança não invalida a tese de que aquela farsa, junto com *Os ciúmes do Barbouillé*, devem ser consideradas o embrião de todo o teatro molieresco. Ao contrário, reflete a arte do autor que sabe diversificar suas personagens; e que quando mantém certas características — muitos são os criados, homens e mulheres, que se aproximam basicamente, pela posição adotada em relação aos jovens —, sabe trabalhar com vários elementos diferenciadores, de maneira a individualizá-los. E desde Sganarelle de *O médico volante* e Cathau de *Os ciúmes do Barbouillé* até Toinette de *O doente imaginário*, todo um mundo de criados se oferece ao leitor e espectador, provocando-lhes a hilaridade, graças a procedimentos farsescos tradicionais.

PEDANTES

Oposto ao criado e eterna vítima de suas zombarias, está o pedante, tipo também tradicional da farsa francesa e italiana. Porém, com seu espírito renovador, para o que a observação muito contribuiu, procedeu Molière à diversificação, à individualização, tirando-o da massa uniforme. E é assim que na obra molieresca estão os pedantes distribuídos em filósofos, médicos e preciosos, formando grupos que têm características próprias e, dentro destes, traços individualizadores.

Sendo um tipo tradicional da farsa, não poderia deixar de aparecer naquelas duas peças embrionárias: *Os ciúmes do Barbouillé* apresenta o "Doutor", que ainda não tem nome individualizador; e *O médico volante*, o médico, ou melhor, o falso médico que, para Molière, são equivalentes.

O Doutor, com sua tagarelice crivada de frases latinas, com sua "cultura", com sua vaidade de filósofo, atordoa Barbouillé, não lhe dando tempo de expor seu problema. Passa pela cena e reaparece, no final, à guisa de despedida, com seu *latine, bona nox*; e a impressão que deixa é a de um boneco inflado, ridículo na sua pose de sabe-tudo.

Mas Molière, avançando na sua carreira teatral, desdobra-o em *O casamento forçado*, e lhes dá nomes: Pancrace, doutor aristotélico e Marphurius, doutor pirroniano, tão ou mais absurdos que o anterior, e igualmente desinteressados quanto ao problema que aflige Sganarelle, semelhante ao de Barbouillé – o "cocuage". Batizou-os Molière com nomes de pedante, aproximando-se das fontes: Pancrace é o nome de pedante da Commedia dell'Arte; e Marphurius, pode ter vindo de Mamphurius, personagem de *Boniface et le pédant*, imitação de *Candelaio* de Giordano Bruno. E se um, com sua verborréia, nem sequer o olha, e mal o ouve, embora comicamente taxe Sganarelle de prolixo, ocupando o "diálogo" uma longa cena (a de nº 4), já o outro, com suas considerações, leva Sganarelle à exasperação, donde as pauladas que recebe.

É como se Molière quisesse dizer: os filósofos, por mais que se diversifiquem, não deixam de ser pedantes; portanto, 109 ridículos. É o Molière que, valendo-se da figura ainda esquemática na primeira farsa, dá-lhe maior amplidão. E se foi dito que Molière é plagiário de Molière, mais adequado seria dizer que, valendo-se de fontes populares e cultas, abriu novos caminhos que ele mesmo trilharia, enriquecendo-os com acréscimos.

Le Fagoteux (*O lenhador*, primeiro esboço de *O médico à força*) e *Le Docteur Amoureux* (*O doutor apaixonado*). *Les Trois Docteurs Rivaux* (*Os três doutores rivais*), *Le Docteur Pédant* (*O doutor pedante*, três títulos talvez da mesma peça) são algumas das farsas molierescas que, com *O médico volante*, foram compostas durante a vida do autor fora da capital francesa. E todas já visavam os médicos, revelando uma inclinação que jamais o abandonaria ou arrefeceria, pois *D. Juan, O amor médico, O médico à força, O Sr. de Porceaugnac* e sua última obra, *O doente imaginário*, comprovam a persistência do tema.

Encarniçando-se contra tais profissionais, nada mais fazia senão seguir a tradição da poesia satírica medieval e da farsa italiana; mas até que ponto sua obra não acusa o estado em que se encontrava a medicina do seu tempo? Observador de seus contemporâneos, via uma rica matéria cômica naqueles que a exerciam, a partir de seu exterior, isto é, do traje ridículo. Associavam-se a ele o pedantismo da linguagem, a cínica exploração da credulidade dos pacientes, a fé incondicional no método da autoridade com o conseqüente desprezo da experiência e a desconfiança sistemática das idéias novas, além das rivalidades individuais. Enfim, a medicina estava em regressão na França, pois não eram aceitas as novas descobertas, como por exemplo a da circulação do sangue, entre outras, levada a cabo pelo inglês Harvey, havendo, em *O doente imaginário*, através do Dr. Thomas Diafoirus, alusão à polêmica entre os partidários dessa teoria – *circulateurs* – e os adversários. Ora, isto só poderia aparecer numa obra de maior maturidade, e não numa simples farsa, como o é *O médico volante*.

Nesta, com as roupas de médico que Sganarelle endossa, vêm paralelamente a adoção do pedantismo das frases latinas (absurdas), a cupidez e o abuso da credulidade de Gorgibus. Já lá estavam visíveis os vícios dos médicos, os defeitos da medicina, que aparecerão depois aumentados e melhor satirizados: em *Dom Juan*, no Ato III, çena 1, através do valete Sganarelle disfarçado de médico, com "um aparato ridículo", com sua pretensa e cômica ciência ("raciocinei sobre a doença e dei receitas a cada um" dos camponeses, diz ele a Dom Juan), e com a consciência da inutilidade dos remédios (a cura vem do "acaso e das forças da natureza", diz o amo); em *O amor médico*, através dos cinco médicos "reais" e mais um "falso" (Clitandre) e da sua individualização, pois para conferir mais peso à farsa, sob nomes gregos forjados por Boileau, visa Molière, de maneira especial, a quatro médicos da corte: Daquin, Desfougerais, Esprit e Guenaut – profissionais que, na época, foram facilmente reconhecidos por todos[10]; e, repetimos, em tantas outras peças. Os ataques de Molière vão num crescendo inegável, ultrapassando os sarcasmos habituais da Commedia dell'Arte, abrangendo os médicos da corte e os charlatães, num único olhar, totalizador.

A sua sátira é, como se sabe, uma das mais tradicionais: as *soties* medievais, os *fabliaux* já tinham os médicos como alvo; e o século XVI não os esquecera, pois não só Rabelais nos mostra o sapientíssimo Rondibilis que cita Hipócrates, Heródoto, Teofrasto, como também·Montaigne revela a que

10. L. THOORENS, *op. cit.*, p. 124.

ponto a medicina explorava a debilidade humana. Isto sem falar da Commedia dell'Arte, em que seu maior expoente – Scaramuccia – não rejeitava este veio popular de comicidade.

Cupidez, pedantismo, idolatria de Hipócrates, vaidade do formalismo e do raciocínio para a emissão do diagnóstico, indiferença em relação à criatura humana, abuso da credulidade dos pacientes, fazendo passar por cura o que já era garantido pelas reações da natureza, espírito rotineiro, e tradicionalismo arcaico que repele as novas teorias, como a já assinalada descoberta da circulação do sangue, além da infalível barba e das roupas ridículas – são estas as características apontadas por Molière nos médicos. Aliás, este era o título da peça – *Os médicos* – que La Grange cita no seu registro, e não *O amor médico*. Se Molière aqui aproveita para descarregar seu antagonismo contra eles, não é menos verdade que assim agrada o rei Luis XIV, a quem é atribuída tal declaração:

Os médicos, muito freqüentemente, fazem chorar para fazerem rir algumas vezes[11].

Não só Molière tinha razões para torná-los alvo de seus dardos satíricos, mas o próprio rei não esquecia suas experiências desagradáveis, quer pessoais, quer à cabeceira de Mazarin, enfermo, quando nove médicos não concordaram quanto ao diagnóstico, entrando em acalorada dissensão.

Um epigrama que corria pelas ruas de Paris é revelador de como eram considerados os médicos:

Adotar um ar pedantesco
Cuspir termos gregos, latinos,

11. R. JOUANNY, "Notice", in *Oeuvres Complètes* de Molière, Paris, Garnier Frères, 1962, Tome I, p. 778. É ele que nos cita o epigrama que transcrevemos logo adiante.

Longa peruca, roupa grotesca,
Manto de pele e de cetim
Tudo isso reunido faz quase
Aquilo que se chama um médico.

Entre o médico da primeira farsa e os desta, *O amor médico*, há uma grande distância; mas os germes lá estavam: o amor do dinheiro — o valete que recebe seu salário, embora diga que não o quer —, o pedantismo que se traduz através de sua linguagem em que proliferam latinismos macarrônicos, a sua total ignorância a respeito do *métier*. Para mostrarmos em que medida *O médico volante* constitui o embrião dessa comédia, é suficiente recordar a cena da consulta, em que Sganarelle toma o pulso de Gorgibus em lugar do de Lucinde, merecendo uma observação de Sabine; explica ele, comicamente:

Não importa: o sangue do pai e da filha são uma só coisa; e pela alteração do sangue paterno, posso conhecer a doença da filha

(cena 4).

E tal cena é repetida em *O amor médico*, pelo charlatão Clitandre:

— (*Apalpando o pulso de Sganarelle*) — Sua filha está bem doente.
— E o senhor pode ver isso aqui.
— Sim, pela simpatia que há entre pai e filha

(Ato III, cena 5).

Mas a sátira é agora feita de maneira mais aguda, através dos desenfadados comentários da criada Lisette, quando diz a Sganarelle:

Que pretende o senhor fazer com quatro médicos? Não basta um para matar uma pessoa? (. . .) Sem dúvida, conheci um homem que provava, com boas razões, que nunca se deve dizer: "Uma tal pessoa morreu de febre e de pneumonia", mas sim: "Morreu de quatro médicos e de dois boticários"

(Ato II, cena 1). 113

Há, no entanto, toda uma pintura satírica direta, através da conduta dos médicos, recebendo antes os honorários, não se dispondo a logo atender a paciente, pois devem antes entregar-se às suas discussões, e não concordando, após a consulta, quanto ao diagnóstico ou aos remédios habituais na época: sangria, purgativo ou vomitório? Ou ainda orvietã, se indaga Sganarelle, tomado pela indecisão. Tal remédio, vendido pelos charlatães, na Ponte Nova, e que gozava de grande prestígio por aqueles tempos, servia, como diz o charlatão-Clitandre, para: sarna, ronha, tinha, febre, peste, gota, varíola, rendidura, sarampo... É a equiparação de médicos e charlatães, segundo a óptica molieresca, incrédula, desenganada, que, entre outras coisas, faz com que o dr. Filerin advirta os colegas quanto aos perigos de sua mútua discordância, em público:

> Já não basta que os sábios vejam as contrariedades e as dissensões existentes entre nossos autores e nossos antigos mestres, para revelar ao povo, ainda por cima, nossos debates e nossas querelas, enfim a charlatanice de nossa arte? (...) Se não tomarmos cuidado, vamos arruinar-nos
>
> (Ato III, cena 1).

Em *O médico à força*, Sganarelle, o rude enfeixador de lenha, tal como o primeiro Sganarelle, se torna médico, exibindo comicamente sua ciência; mas se seu modelo, no final da peça, volta ao posto de valete, após ter conhecido o triunfo, já esse Sganarelle que relutou em aceitar tal profissão, e que só o fez mediante a força persuasiva das pauladas, acaba por tomar-lhe gosto e nada garante que não volte a exercê-la, sem coação. Suas palavras que encerram a peça, quando perdoa a vingança de Martine que, no final das contas, é responsável pela sua "dignidade", completam o retrato satírico dos médicos; diz ele: "prepare-se, a partir de agora, para viver num grande respeito com um homem de *minha classe*, e pense que *a cólera de um médico é mais temível do que se pode imaginar* (O grifo é nosso). Intensa é a comicidade desse "médico" que, seguindo os que o precederam, não poupa asneiras, e mesmo acresce-as, verbal e gestualmente, com a total aprovação de todos, boquiabertos diante de sua sabedoria. Se ao consultar Lucinde, aproveita para "auscultar" lubricamente a criada Jacqueline (Ato II, cena 3); se ao diagnosticar, situa o coração no lugar do fígado e vice-versa, a ponto de merecer uma pequena observação da parte de Géronte que, por sua vez, o leva a responder, sem titubear, que "isto acontecia outrora", pois tudo mudou e a medicina tem novos métodos (Ato II, cena 4); se usa e abusa do latim macarrônico, que ninguém entende (em várias cenas); se a exigência de pagamento antecede a prestação de serviços, com um simples gesto de estender a mão (Ato III, cena 2); tudo serve para satirizar o médico, o *doutor* em medicina, não apenas pedante, mas sobretudo ineficiente — imagem de como o via Molière.

Menos próxima de *O médico volante* está *O doente imaginário*, mas nem por isso deixa de desenvolver os elementos cômicos contidos naquela peça embrionária, a partir do número de médicos, ajudados por um boticário: os Diafoirus, pai e filho (nome colorido, muito rabelaisiano, com o prefixo grego e o sufixo latino), Purgon (nome bastante expressivo, quanto ao remédio que prescreve, habitualmente) e Fleurant. Cômicos são esses profissionais, seguros e vaidosos de sua "ciência"; mas Molière, preocupado sempre com inovar, desdobra sua habilidade para, embora martelando na mesma tecla, poder apresentar algo diferente. E é assim que, se coloca o Dr. Diafoirus pai, enfatuado e imbecil, ao seu lado põe o filho, seu digno descendente; nada os separa, e se admiram reciprocamente. O filho é a réplica do pai, embora jovem, prometendo talvez, com o tempo, ultrapassá-lo em fatuidade e imbecilidade; e o pai, ao olhá-lo, vê-se refletido no seu rebento, donde o superlativo "ótimo" que emprega para qualificar as ridículas palavras do rapaz pronunciadas diante da noiva, Angélique, e do futuro sogro, Argan.

Thomas Diafoirus, digno do pai, é também um digno aluno de seus mestres, os médicos. Tolo de nascimento, tornou-se ainda pior graças à educação recebida, a mesma do seu pai, e que está fundada na autoridade do Antigos, ignorando o valor da observação e da razão e tendo como método a lógica formal e a *disputatio*. Seria ele, como disse um humorista francês, um discípulo daquela Universidade que "desenvolve todas as faculdades, aí incluída a imbecilidade".

Toda a longa cena 5, bem como a 6 do Ato II, são a cômica representação do pedantismo que envolve a estupidez dos médicos, lançando mão o dramaturgo de vários meios para exprimir sua visão do ambiente médico, mas que, em última análise, extrapola-o, e atinge, como diz Antoine Adam, "a escolástica, a filosofia oficial, o aristotelismo das Faculdades"[12]. Faz Molière, na sua terrível sátira, através dos Diafoirus, a caricatura do partido de Aristóteles, que se opõe à razão e às experiências; mostra, ainda, e sempre, que se há médicos simplórios, vaidosos da sua toda-poderosa ciência, há os que lucidamente reconhecem a própria ignorância e limitações, mas representam a comédia da auto-suficiência, revestindo-se de poses pedantes, expressando-se com termos pedantes, esforçando-se enfim por transmitirem a imagem da superioridade. E é disso que Molière faz rir, exagerando caricatamente seu perfil. Mas muitos dos ridículos dos médicos já estavam presentes em *O médico volante*, com o Sganarelle-valete que, com roupas ridículas, expele latim, lança

12. A. ADAM, *op. cit.*, p. 399.

asneiras "científicas", ganha dinheiro, explorando enfim a boa fé do simplório Gorgibus. Maior elaboração, maior inventividade nas peças posteriores, mas a semente da sátira do médico pedante e imbecil se encontra na primeira farsa, se bem com origens antigas. Segundo Duchartre, tal é a "Árvore genealógica do Doutor"[13]:

Os médicos ridículos dos saltimbancos passados para as farsas romanas

Il Dottore

Il Tartaglia (O gago)	Farsistas franceses Guillou – Gorju Doutor Boniface	Comédia italiana Francesa O Médico

Pedantes, esnobes, e portanto rico material para provocar o riso, são os preciosos que aparecem satirizados, particularmente, em *As preciosas ridículas* e em *As sabichonas*. Títulos no feminino, mas na realidade a sátira atinge homens e mulheres, e mulheres de diferentes idades, de Paris ou não, bem mostrando como se alastrava o preciosismo, o pedantismo do século XVII francês que, na sua busca de distinção sob todos os aspectos, preferia o emprego de metáforas e perífrases complicadas às formas concretas e usuais; era a maneira de evitar a vulgaridade, embora caísse muitas vezes, e segundo a óptica satírica de Molière, no oposto, isto é, no ridículo.

Cathos e Magdelon, as duas preciosas provincianas (pois "o mal infectou não somente Paris, mas expandiu-se pelas províncias", diz La Grange, um dos pretendentes rejeitados à mão de uma delas, na cena inicial de *As preciosas ridículas*), ilustram, comicamente, ao longo da peça, os hábitos preciosos, a literatura preciosa que atraia grande parte da popula-

13. P.-L. DUCHARTRE, *op. cit.*, p. 191.

ção, influenciando-lhe a vida, razão pela qual o terra-a-terra Gorgibus, pai de Magdelon e tio de Cathos, no final, com risível estardalhaço, atribui todas as loucuras das duas às "tolas patranhas, perniciosos divertimentos dos espíritos ociosos, romances, versos, canções, sonetos e sonetas". Dominadas sobretudo pelos romances preciosos – *Le Grand Cyrus* e *Clélie* (*O Grande Ciro* e *Clélia*), de Mlle. de Scudéry –, ambas rejeitam a vida real, pretendendo uma existência plena de peripécias, como a das personagens daqueles volumosos romances; donde a recusa dos pretendentes escolhidos por Gorgibus e a aceitação, cega, da corte de falsos preciosos, Mascarille e Jodelet, valetes disfarçados em nobres elegantes e finos. É a paródia dos preciosos, de seus salões literários, nessa primeira farsa que, em 1659, em Paris, dá notoriedade a Molière e que será seguida de *As sabichonas*, em fins de 1670 e começos do ano seguinte.

Outro tipo de pedantes preciosas, alvo da sátira de Molière, é o das "sabichonas", cujo vínculo com as primeiras é indicado por Somaize no seu *Grand Dictionnaire des Précieuses* (*Grande Dicionário das Preciosas*), de 1661, quando afirma que muitas delas estudavam todas as ciências, conheciam e falavam várias línguas, escreviam em prosa e em verso, e "se tornaram tão sábias quanto os maiores autores de seu século"[14], vale dizer, associaram ao gosto da literatura galante o das ciências físicas e da filosofia. Philaminte, mulher de Chrysale, é uma *femme savante*, assim como a cunhada Bélise, e a filha Armande – um grupo pretensioso, pedante, liderado

---

14. J. SCHERER, Aventures des Précieuses, (Número dedicado a *Molière*). *Revue d'Histoire Littéraire de la France*, Paris, Armand Colin, septembre-décembre 1972, p. 862. Cita Somaize, no seu *Grand Dictionnaire des Précieuses*.

pela primeira, que chega a despedir a empregada por causa de seus solecismos e barbarismos (Ato II, cena 6).

Mas a sátira não atinge apenas mulheres; alcança homens tolos e vaidosos, como Trissotin (nome bem sugestivo quanto à sua tripla imbecilidade: *tri – sot*) e Vadius (o autor Ménage?) que, de amigos passam a inimigos, trocando-se não poucas ofensas (Ato III, cena 4). E o último Ato, com a derrota dos pedantes, pode significar uma espécie de lição de simplicidade, sendo a peça uma sátira do pedantismo.

Na sua utilização dos pedantes como rico material para excitar a hilaridade, Molière visa também os "marqueses", frívolos e imbecis, que surgem em várias outras peças, mas que têm maior relevo no salão de Célimène, a viúva amada por Alceste, em *O misantropo*. Já em *O improviso de Versailles* (escrito por Molière para atacar seus detratores e deles defender-se, pois *A escola das mulheres*, cujo êxito fora extraordinário, lhe atraíra a inveja dos colegas), dissera Molière:

> O marquês hoje é o engraçado da comédia.

E em *O misantropo*, faz a sua caricatura através de Acaste e Clitandre, freqüentadores assíduos do salão de Célimène. Vemos, por exemplo, o primeiro jactar-se de suas qualidades: alta categoria social, coragem, espírito, belo aspecto, elegância, êxito na alta sociedade e na corte, segurança (Ato III, cena 3). Mas a impudência com que traça seu lisonjeiro auto-retrato, a ingenuidade ridícula com que confunde os dons naturais com o mérito pessoal que pode justamente fazer com que aqueles se desenvolvam, tudo isso o torna objeto de riso.

Doutores filósofos, médicos, preciosos, marqueses — são os pedantes, cujas debilidades e defeitos não poderiam escapar do agudo observador da criatura humana como material apto para fazer rir, no seu tempo e até hoje.

VÍTIMAS

> O riso não tem maior inimigo que a emoção (. . .)
> Assistam à vida como espectador indiferente: muitos dramas se tornarão comédia.

É o que diz Bergson, ao tratar da questão do cômico[15]. E só isso pode explicar o riso dos leitores ou espectadores diante de tantas personagens molierescas, vítimas daqueles que lhes exploram a ingenuidade, a credulidade, associadas muitas vezes a manias. Como não rir de um Barbouillé que, apesar de conhecer as artimanhas de Angélique e da criada, e de ter chegado ao lar antes da mulher, passa aos olhos de todos como o marido que a deixa abandonada até altas horas da noite? É que ela mudou habilmente a situação; e ele, ingênuo, deixou-se uma vez mais enganar, deixando prever outros futuros enganos. É a eterna vítima, mas ninguém se emociona diante de seu infortúnio. Tratado como personagem farsesca, ninguém com ele se identifica, assistindo portanto aos seus malogros, como espectador indiferente. E como não rir de Gorgibus, enganado por Sganarelle, o valete-médico que age, de início, sob a orientação do amo e depois, embalado pela sua capacidade inventiva que surge inopinadamente?

O enganado e o enganador; o ingênuo e o esperto — ambos são cômicos, desde as farsas-embrião; mas se bem que

---

15. HENRI BERGSON, *Le Rire-Essai sur la signification du Comique*, Paris, Presses Universitaires de France, 1969, 273ª ed., pp. 3-4.

o engano ou os tolos não tenham sido criação pessoal de Molière, não há dúvida que ele soube tirar partido desse rico filão: a imbecilidade e a credulidade humanas.

Sem mais considerarmos os maridos e os pais mistificados aos quais vimos fazendo referência, pensemos nos grandes enganados molierescos; e se nos apresenta toda uma galeria de vítimas, diversificadas: Orgon, Alceste, Argan; mais ainda: Arnolphe, Jourdain e Philaminte... É inegável a habilidade de Molière na arte de individualizar personagens aparentemente paralelas, e nunca será demais insistir nessa característica sua.

Arnolphe de *A escola das mulheres* se aproxima de Sganarelle de *A escola dos maridos*, pois ambos se esforçam todo o tempo por não serem enganados pelas respectivas pupilas com quem pensam casar-se; porém, por mais que se empenhem, mais são vítimas. Sganarelle, ingenuamente serve de intermediário entre Isabelle e Valère, que ela ama; e quando pensa que está concordando com o casamento da pupila do irmão com outro (Ato III, cena 3), na verdade está trabalhando contra os próprios interesses, o que só tarde demais chega a perceber. É *o eterno enganado*, tal como Arnolphe que é manobrado pela cândida Agnès. Se este a orienta para que afugente com pedradas o rapaz que lhe faz a corte, ela segue o conselho; porém, com a pedra vai um bilhete. É o que ele fica sabendo através do jovem apaixonado que o fez seu confidente (Ato III, cena 4). Toma medidas defensivas, mas logo o outro vem contar-lhe que elas foram interceptadas. São os cômicos tutores, velhos, mas ingênuos nas mãos das jovens "ingênuas"...

Um segundo tipo de vítima é o oferecido por Orgon que se deixa conduzir pelo hipócrita Tartufo. Crédulo, fanaticamente devoto, aspirando ao céu e convicto de que o amigo, por sua perfeição, já tem um lugar garantido nas alturas e é por isso o seu melhor guia, abandona-se em suas mãos; como se não bastasse, doa-lhe seus bens e concede-lhe a mão da filha. Na sua credulidade, cerra os olhos e os ouvidos para não ver e ouvir o que lhe mostram e dizem de Tartufo; surdo às palavras de Elmire, a esposa, às acusações de Damis, o filho, e às cômicas críticas da criada Dorine, é o exemplo da fé inabalável que depositou em Tartufo.

Orgon, o devoto que, por sua credulidade excessiva ou por sua devoção profunda, rejeita qualquer possível dúvida quanto à sinceridade das manifestações religiosas exteriores do outro, é, em certa medida, vítima de si mesmo como de Tartufo, se entendermos que este vem preencher uma necessidade sua de perfeição.

Mas Tartufo, o enganador, também é por sua vez enganado por Elmire; declara-lhe o seu amor, sem saber que Orgon está oculto sob a mesa. O marido tudo ouve e perde, conseqüentemente, a confiança que nele tinha (Ato IV, cena 5).

Nesta peça que tem se revelado inesgotável filão para os estudiosos, ressalta a cena que acabamos de recordar, por ser cômica e trágica ao mesmo tempo: Tartufo e também Orgon são enganados justamente por aquilo que mais amam – Elmire; e a devoção (aparentemente sincera), simbolizada, por Tartufo. Mas a verdade é que, por ser Tartufo um celerado, não o vemos como vítima, reservando tal papel a Orgon, o ingênuo e crédulo que não sabe, não pode e não quer discernir o falso do verdadeiro devoto, e que, tal um fantoche, se deixa conduzir pelo outro. Aliás, a pergunta que ele faz a Dorine, interrompendo-a várias vezes para informar-se sobre a saúde de Tartufo, em lugar de ouvi-la falar sobre a doença de Elmire, bem com a exclamação "Pobre homem!", acusam seu caráter de boneco, cuja mola seria aquele "devoto". Indaga ele: "E Tartufo?". E, se após a resposta, ele exclama "Pobre homem!" e ela retoma a sua explicação sobre a ama, torna ele à pergunta: "E Tartufo?" (Ato I, cena 4). Nesta cena bastante cômica, é Orgon, embora de carne e osso, um fantoche puxado por cordéis e, portanto, influenciável; enfim, propenso a ser enganado por alguém mais forte.

Outro tipo de vítima é Alceste, o misantropo que paradoxalmente se apaixona por Célimène, o protótipo da mulher frívola que gosta de reuniões, de sociabilidade, de cortejadores. Se Célimène deixa que os marqueses se sintam amados, faz o mesmo com Alceste, garantindo assim muitos admiradores ao seu redor. Alceste e outras personagens molierescas poderiam ser trágicas não fossem certas condições. Mas rimos dele, da sua insociabilidade e não da sua franqueza. Rimos da sua ingenuidade em crer no possível amor de uma coqueta como o é Célimène, bem como do insociável, vítima de uma mulher que é totalmente o seu oposto e que não conceberia a vida sem as obrigatórias hipocrisias sociais.

Já Philaminte, de *As sabichonas*, constitui um caso curioso de vítima. Levada por sua fraqueza − a mania intelectual −, deixa-se absorver pelos que compartilham de suas idéias, a ponto de menosprezar o marido e a própria filha, Henriette, que não coadunam com suas idéias. É assim que é enganada pelo cúpido Trissotin, pedante como ela, crendo que esse poderá ser o marido ideal para Henriette. Mas ela, com toda a sua sapiência e prepotência, é novamente enganada; só que agora a mistificação parte de Ariste, irmão do marido, para desmascarar Trissotin e evitar o casamento da sobrinha, o que consegue graças a falsas notícias que revelam a ruina familiar.

Duplamente enganada, pelo pedante Trissotin e pelo anti-pedante Ariste, é Philaminte um tipo muito cômico, sobretudo se levarmos em consideração sua auto-suficiência e presunção.

Quanto ao Sr. Jourdain, o burguês fidalgo, e Argan, o doente imaginário, podem ambos constituir um único tipo de vítima, apesar de que suas manias são diferentes: um voltado para a sociabilidade, para os sonhos de nobreza; o outro, para as suas "doenças". Maníacos, deixam-se enganar por aquilo que mais amam — a nobreza representada pela Marquesa Dorimène a quem Jourdain oferece ricos presentes, que são aproveitados pelo Conde Dorante; a medicina, representada pelos médicos charlatães que tiram o dinheiro de Argan, com consultas e remédios.

E ambos se aproximam ainda pelo fato de que, não abdicando de sua mania, continuam a ser enganados, só que agora pelos seus familiares. Estes, partindo da mania que domina um e o outro, imaginam cerimônias em que o primeiro recebe seu título de "mamamouchi" e o segundo ganha seu diploma de doutor, títulos falsos, mas que muito os envaidecem. Se Philaminte, mulher esclarecida, era obrigada a enfrentar a realidade: Trissotin a enganara, não passando de um simples caça-dotes; e se todas as personagens aqui recordadas, vítimas de engano, acabam por abrir os olhos no final, já estes dois últimos velhos — sempre eles as vítimas e não os jovens! — são dois enganados inatos e, portanto, incuráveis.

E uma pergunta se impõe: Qual a mais cômica, a vítima que toma consciência de sua situação ou a que, cega, continua a ser ludibriada? Parece-nos que a segunda, por sua obstinação no engano, é mais cômica; claro é que a resposta está na dependência do tipo de engano. Analisando a mania de Jourdain e de Argan, e a alegria que o último engano lhes traz — a nobreza e a doença vitalícias, enfim totalmente suas —, podemos concluir que são elas as personagens mais cômicas da rica galeria das "vítimas" molierescas. Enganados, mas enfim felizes: está garantida a conservação das suas manias.

Criados (mulheres e homens), pedantes, vítimas; são personagens cômicas que povoam o teatro molieresco. Presentes, desde *Os ciúmes do Barbouillé* e *O médico volante*, foram tais personagens diversificadas e rejuvenescidas pela arte do dramaturgo, a quem não faltava o talento ajudado, ao longo dos anos, pela experiência do palco. A passagem do tempo não levou Molière a desprezar as raízes; ao contrário, contribuiu apenas para o aperfeiçoamento de suas técnicas para fazer rir.

PALAVRAS FINAIS

Tendo chegado ao final de nosso breve estudo, parece-nos inevitável a afirmação: *Os ciúmes do Barbouillé* e *O médico volante* são obras de Molière.

Tinha ele o espírito da farsa; cultivou freqüentemente esse gênero e, mesmo nas Grandes Comédias, em versos distribuídos em cinco atos, não abandonou o emprego de procedimentos farsescos. Com farsas iniciou sua carreira teatral, e com uma farsa encerrou-a, utilizando procedimentos típicos do gênero para pintar caracteres — o do hipocondríaco — e costumes, bem como para satirizar os médicos, provocando o riso do público.

Semelhança de temas, de situações, de personagens (inclusive nomes), assim como de recursos farsescos; constantes, como o par jovem-enamorado lutando contra a autoridade paterna (ou materna) ou o par velho não se entendendo ou que não é unido pelo amor recíproco, da mesma forma que surgem certas personagens cômicas, isto é, criados, pedantes e enganados x enganadores. Ora, tais semelhanças ou constantes seriam monótonas, não fosse o talento molieresco associado ao maior domínio das técnicas teatrais, conseqüência do trabalho contínuo do autor, mas também do ator e diretor, de maneira a compor, sem perder de vista suas próprias características e as dos atores de sua "troupe" que encarnariam determinados papéis, com a maior garantia de êxito.

Se a última peça – *O doente imaginário* – é, como foi citado no final do Capítulo 3, "um lento *ballet* da doença e da morte" oculto pela "zombaria transbordante", já uma das primeiras farsas – *O médico volante* – é o *ballet* da vida, com o Sganarelle esvoaçando de fora para dentro da casa da "enferma" Lucile. Tanto Argan como ela são doentes imaginários; porém, a "doença" inconsciente do primeiro revela o Molière amadurecido pela vida e pelo sofrimento.

Introduzindo variantes, reelaborando elementos, enriquecendo suas criações, renovando seus temas e personagens, é Molière, segundo muitos autores, o plagiador de Molière. Mas não é essa a marca da originalidade? O saber manter-se sempre o mesmo, apesar das modificações, pois a originalidade, sob certo aspecto, consiste na monotonia?

BIBLIOGRAFIA CITADA

A. MOLIÈRE. *Oeuvres complètes*. Paris, Garnier Frères, 1962, 2 tomes.

B. *Obras sobre Molière*

ADAM, Antoine. "Molière". In *Histoire de la Littérature Française au XVIIe siècle*. Paris, Del Duca, 1962, Tome III, pp. 181-418.

ATTINGER, Gustave. *L'Esprit de La Commedia Dell'Arte dans le Théâtre Français*. Genève, Slatkine Reprints, 1969.

BERGSON, Henri. *Le Rire*. Paris, Presses Universitaires de France, 1969, 273ª édition.

BERNARDIN, Napoléon-Maurice. *La Comédie Italienne en France*. Gènève, Slatkines Reprints, 1969.

BOILEAU. *Art Poétique*. Paris, Larousse, s.d.

BRAY, René. *Molière, Homme de Théâtre*. Paris, Mercure de France, 1954.

BRUNETIÈRE, Ferdinand. "La langue de Molière". In *Études Critiques*. Paris, Hachette, 1912, Tome VII.

CAZALBOU, Jean et Denise Sevely. Molière, précurseur de la comédie sérieuse. *Europe*. novembre-décembre 1972, n. 523-524, pp. 78-91.

DUCHARTRE, Pierre-Louis. *La Commedia dell'Arte*. (Paris), Ed. d'Art et Industrie, 1955.

EMELINA, Jean. *Les Valets et les Servantes dans le Théâtre Comique en France de 1610 à 1700*. Grenoble, PUG, 1975.

FERNÁNDEZ, Ramón. *Molière ou l'Essence du Comique*. Paris, Grasset, 1979.

GUICHARNAUD, Jacques. *Molière, une aventure Théâtrale*. Paris, Gallimard, 1963.

GUTWIRTH, Marcel. *Molière ou l'Invention Comique*. Paris, Minard 1966.

JASINSKI, René. *Molière*. Paris, Hatier, 1969.

_____. *Molière et "Le Misanthrope"*. Paris, Nizet, [1970].

LANSON, Gustave. *Histoire de la Littérature Française*. Paris, Hachette, s.d.

LARTHOMAS, Pierre. *Le Langage Dramatique*. Paris, Armand Colin, 1972.

MORNET, Daniel. *Molière*. Paris, Hatier Boivin, 1943.

PELOUS, J. M. Les métamorphoses de Sganarelle: la permanence d'un type comique. *Revue d'Histoire Littéraire de la France*, Septembre-Décembre 1972, n. 5-6, pp. 821-49.

SALOMON, Herman Prins. *Tartuffe devant l'opinion française*. Paris, Presses Universitaires de France, 1962.

SCHERER, Jacques. Aventures des Précieuses. *"Molière". Revue d'Histoire Littéraire de la France*. Septembre-Décembre 1972, pp. 850-61.

_____. *La Dramaturgie Classique en France*. Paris, Nizet, s.d.

THOORENS, Léon. *Le dossier Molière*. Verviers, (Belgique) Ed. Gérard, 1964.

TISSIER, André. *La Farce en France de 1450 à 1550*. Paris, SEDES, 1976, 2 Tomes.

Coleção ELOS

1. *Estrutura e Problemas da Obra Literária*, Anatol Rosenfeld.
2. *O Prazer do Texto*, Roland Barthes.
3. *Mistificações Literárias: "Os Protocolos dos Sábios de Sião"*, Anatol Rosenfeld.
4. *Poder, Sexo e Letras na República*, Sergio Miceli.
5. *Do Grotesco e do Sublime.* (Tradução do "Prefácio" de *Cromwell*) Victor Hugo (Trad. e Notas de Célia Berrettini).
6. *Ruptura dos Gêneros na Literatura Latino-Americana*, Haroldo de Campos.
7. *Claude Lévi-Strauss ou o Novo Festim de Esopo*, Octavio Paz.
8. *Comércio e Relações Internacionais*, Celso Lafer.
9. *Guia Histórico da Literatura Hebraica*, J. Guinsburg.
10. *O Cenário no Avesso (Gide e Pirandello)*, Sábato Magaldi.
11. *O Pequeno Exército Paulista*, Dalmo de Abreu Dallari.
12. *Projeções: Rússia/Brasil/Itália*, Boris Schnaiderman.
13. *Marcel Duchamp ou o Castelo da Pureza*, Octavio Paz.
14. *Os Mitos Amazônicos da Tartaruga*, Charles Frederik Hartt. (Trad. e Notas de Luís da Câmara Cascudo).
15. *Galut*, Itzhack Baer.
16. *Lenin: Capitalismo de Estado e Burocracia*, Leôncio Martins Rodrigues e Ottaviano De Fiore.
17. *Círculo Lingüístico de Praga*, Org. J. Guinsburg.
18. *O Texto Estranho*, Lucrécia D'Alécio Ferrara.
19. *O Desencantamento do Mundo*, Pierre Bourdieu.
20. *Teorias da Administração de Empresas*, Carlos Daniel Coardi.
21. *Duas Leituras Semióticas*, Eduardo Peñuela Cañizal.
22. *Em Busca das Linguagens Perdidas*, Anita Cevidalli Salmoni.
23. *A Linguagem de Beckett*, Célia Berrettini.
24. *Política e Jornalismo*, José Eduardo Faria.
25. *Idéia do Teatro*, José Ortega y Gasset.
26. *Oswald Canibal*, Benedito Nunes.
27. *Mário de Andrade/Borges*, Emir Rodríguez Monegal.
28. *Poética e Estruturalismo em Israel*, Ziva Ben Porat e Benjamin Hrushovski.
29. *A Prosa Vanguardista na Literatura Brasileira: Oswald de Andrade*, Kenneth David Jackson.
30. *Estruturalismo: Russos x Franceses*, N. I. Balachov.

31. *O Problema Ocupacional: Implicações Regionais e Urbanas*, Anita Kon.
32. *Relações Literárias e Culturais entre Rússia e Brasil*, Leonid A. Shur.
33. *Jornalismo e Participação*, José Eduardo Faria .
34. *A Arte Poética*, Nicolas Boileau-Despréaux (Tradução, Introdução e Notas de Célia Berrettini).
35. *O Romance Experimental e o Naturalismo no Teatro*, Émile Zola (Tradução, Introdução e Notas de Célia Berrettini e Italo Caroni).
36. *Duas Farsas: O Embrião do Teatro de Molière*, Célia Berrettini.
37. *A Propósito da Literaridade*, Inês Oseki-Dépré.